Success15 fifteen
サクセス15
November 2013
11
http://success.waseda-ac.net/

■ CONTENTS ■

※今月号のサクセスランキングは休載させていただきます。

校受験なら早稲アカ!!

難関高合格のための土曜特訓講座

中3対象

土曜集中特訓

開成国立

午前 英語・数学・国語

午後 理社（午前と午後に1講座ずつ選択できます）

時間／9:00～12:00、12:45～15:45

会場 渋谷校・西日暮里校・御茶ノ水校
立川校・武蔵小杉校

慶應女子

（渋谷会場） 午前 国語　午後 英語

（西日暮里会場） 午前 英語　午後 国語

時間／9:00～12:00、12:45～15:45

会場 渋谷校・西日暮里校

早慶

午前 英語・数学・国語（1講座選択）

時間／9:00～12:00 ※国語は校舎により会場が異なります。

会場 池袋校・早稲田校・都立大学校・
国分寺校・横浜校・たまプラーザ校
新百合ヶ丘校・大宮校・所沢校
新浦安校・松戸校

難関

午前 英語・数学（1講座選択）

時間／9:00～12:00

会場 池袋校・早稲田校・都立大学校
国分寺校・たまプラーザ校
新百合ヶ丘校・大宮校・所沢校
新浦安校

苦手科目の克服が開成高・国立附属・早慶附属・難関校合格への近道です。

開成国立土曜集中特訓は午前に英・数・国のうち1科目を午後に理社を実施、慶女土曜集中特訓では午前・午後で英・国を実施、早慶土曜集中特訓は英・数・国のうち1科目を実施、難関土曜集中特訓は英・数のうち1科目を選択していただき、午前中に実施します。入試に必要な基礎知識から応用まで徹底指導します。（開成国立は午前・午後から1講座ずつ選択可能です）

さらに、授業は長年にわたって開成・慶女・早慶・難関校入試に数多く合格者を出している早稲田アカデミーを代表するトップ講師陣が担当します。来春の栄冠を、この「土曜集中特訓」でより確実なものにしてください。

【時間】
開成国立・慶女 ▶午前9:00～12:00、午後12:45～15:45
早慶・難関 ▶午前のみ9:00～12:00

【費用】
入塾金　10,500円（基本コース生・必勝コース生は不要）
授業料　開成国立・慶女…午前か午後の1講座　9,000円／月
午前と午後の2講座 15,000円／月
早慶・難関…1講座のみ　9,000円／月
（10月～1月・月3回）※料金は全て税込みです。

『土曜集中特訓』の特長

1 少人数制授業ときめ細やかな個別対応

2 早稲田アカデミーが誇るトップ講師陣が直接指導

3 入試傾向を踏まえたオリジナルテキスト

2013年高校入試実績

13年連続全国No.1 早慶附属高（一次）1399名合格!（7校定員約1610名）

6年連続全国No.1 開成高（男子私立最難関）70名合格!（定員100名）

5年連続全国No.1 慶女高（女子私立最難関）84名合格!（定員100名）

合格者数No.1 都立日比谷高（都立最難関）75名合格!

※No.1表記は2013年2月・3月当社調べ

お申し込み、お問い合わせは最寄りの早稲田アカデミー各校舎または本部教務部 03（5954）1731 まで。

早稲田アカデミー　検索

開成・国立附属・慶女・早慶附属・都県立トップ

中3 必勝コース

必勝5科コース 筑駒クラス、開成クラス 国立クラス

必勝3科コース 選抜クラス、早慶クラス 難関クラス

講師のレベルが違う

必勝コースを担当する講師は、難関校の入試に精通したスペシャリスト達ばかりです。早稲田アカデミーの最上位クラスを長年指導している講師の中から、さらに選ばれたエリート集団が授業を担当します。教え方、やる気の出させ方、科目に関する専門知識、どれを取っても負けません。講師の早稲田アカデミーと言われる所以です。

テキストのレベルが違う

難関私国立の最上位校は、教科書や市販の問題集レベルでは太刀打ちできません。早稲田アカデミーでは過去十数年の入試問題を徹底分析し、難関校入試突破のためのオリジナルテキストを開発しました。今年の入試問題を詳しく分析し、必要な部分にはメンテナンスをかけて、いっそう充実したテキストになっています。毎年このテキストの中から、そっくりの問題が出題されています。

生徒のレベルが違う

※ No.1 表記は 2013 年 2 月・3 月当社調べ

必勝コースの生徒は全員が難関校を狙うハイレベルな層。同じ目標を持った仲間と切磋琢磨することによって成績は飛躍的に伸びます。開成 70 名合格（6 年連続全国 No.1）、慶應女子 84 名合格（5 年連続全国 No.1）、早慶附属 1399 名合格（13 年連続全国 No.1）でも明らかなように、最上位生が集う早稲田アカデミーだから可能なクラスレベルです。早稲田アカデミーの必勝コースが首都圏最強と言われるのは、この生徒のレベルのためです。

必勝コース実施要項

日程	11月	4日(月・祝)・10日・17日・23日(土・祝)
	12月	1日・8日・15日・22日
	1月	12日・13日(月・祝)・19日・26日
特待生	選抜試験成績優秀者には特待生制度があります。	

時間・料金	必勝5科コース	筑駒 開成 国立 クラス [時間] 9:30～18:45(英語・数学・国語・理科・社会) [料金] 30,000円/月
	必勝3科コース	選抜 早慶 難関 クラス [時間] 13:30～18:45(英語・数学・国語) [料金] 21,000円/月

※入塾金 10,500円(基本コース生は不要)　※料金はすべて税込みです。

中3 必勝コース正月特訓

集中特訓で第一志望校合格へ大きく前進!!

必勝5科コース 筑駒クラス 開成クラス 国立クラス

必勝3科コース 選抜クラス 早慶クラス 難関クラス

12／30㊊～1／3㊎全5日間

時間／ 8:30～12:30、13:30～17:30

受験生の正月は、晴れて合格を手にした日。受験学年の中3は、正月期間中に集中特訓を行います。この時期の重点は、ズバリ実戦力の養成。各拠点校に結集し、入試問題演習を中心に『いかにして点を取るか』すなわち『実戦力の養成』をテーマに、連日熱気のこもった授業が展開されます。誰もが休みたい正月に、5日間の集中特訓を乗り越えた頑張りにより当日の入試得点の10点アップも夢ではありません。ちなみに例年の開成・早慶合格者はほぼ全員この正月特訓に参加しています。

一流中学 高校受験 **早稲田アカデミー**

早稲アカ紹介 DVDお送りします

お気軽にお問い合わせください。

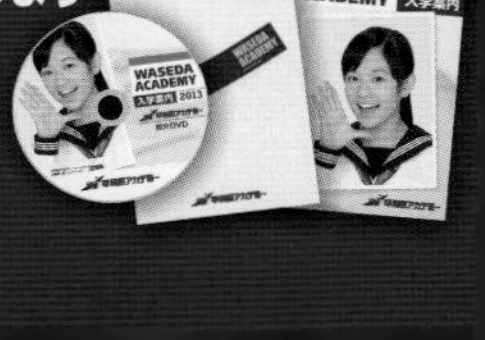

information
ーインフォメーションー

早稲田アカデミー
各イベントのご紹介です。
お気軽にお問い合わせください。

中2・3対象 日曜特訓講座

お申し込み受付中
お近くの早稲田アカデミー各校舎までお気軽にどうぞ

一回合計５時間の「弱点単元集中特訓」！

難問として入試で問われることの多い“単元”は、なかなか得点源にできないものですが、その一方で解法やコツを会得してしまえば大きな武器になります。早稲田アカデミーの日曜特訓は、お子様の「本気」に応える、テーマ別集中特訓講座。選りすぐりの講師陣が、日曜日の合計５時間に及ぶ授業で「分かった！」という感動と自信を、そして揺るぎない得点力をお子様にお渡しいたします。

中２必勝ジュニア　中２対象

科目…英語・数学　時間…13：30 ～ 18：45
日程…11/10、12/8、1/19

「まだ中２だから……」なんて、本当にそれでいいのでしょうか。もし、君が高校入試で開成・国立附属・早慶などの難関校に『絶対に合格したい!』と思っているならば、「本気の学習」に早く取り組んでいかなくてはいけません。大きな目標である『合格』を果たすには、言うまでもなく全国トップレベルの実力が必要となります。そして、その実力は、自らがそのレベルに挑戦し、自らが努力しながらつかみ取っていくべきものなのです。合格に必要なレベルを知り、トップレベルの問題に対応できるだけの柔軟な思考力を養うことが何よりも重要です。さあ、中２の今だからこそトライしていこう!

中３日曜特訓　中３対象

科目…英語・数学・理社　時間…13：30 ～ 18：45
日程…10/20、11/10・17、12/1・8　※実施科目は会場により異なります。

いよいよ入試まであと残りわずかとなりました。入試に向けて、最後の追い込みをしていかなくてはいけません。ところが「じゃあ、いったい何をやればいいんだろう?」と、考え込んでしまうことが多いものです。

そんな君たちに、早稲田アカデミーはこの『日曜特訓講座』をフル活用してもらいたいと思います。1学期の日曜特訓が、中1～中2の復習を踏まえた基礎力の養成が目的であったのに対し、2学期の日曜特訓は入試即応の実戦的な内容になっています。また、近年の入試傾向を徹底的に分析した結果、最も出題されやすい単元をズラリとそろえていますから、参加することによって確実に入試での得点力をアップさせることができるのです。よって、現在の自分自身の学力をよく考えてみて、少しでも不安のある単元には積極的に参加するようにしてください。1日たった5時間の授業で、きっとスペシャリストになれるはずです。さあ、志望校合格を目指してラストスパート!

中3 作文コース

公立高校の記述問題にも対応
国語の総合力がアップ

演習主体の授業＋徹底添削で、作文力・記述力を徹底強化！

推薦入試のみならず、一般入試においても「作文」「小論文」「記述」の出題割合は年々増加傾向にあります。たとえば開成の記述、慶應女子の 600字作文、早大学院の 1200字小論文や都県立推薦入試や一般入試の作文・小論文が好例です。本講座では高校入試突破のために必要不可欠な作文記述の“エッセンス”を、ムダを極力排した「演習主体」のカリキュラムと、中堅校から最難関校レベルにまで対応できる新開発の教材、作文指導の“ツボ”を心得た講師陣の授業・個別の赤ペン添削指導により、お子様の力量を合格レベルまで引き上げます。また作文力を鍛えることで、読解力・記述式設問の解答能力アップも高いレベルで期待できます。

- **９月～12月**（月４回授業）
- **日　程**　月・火・水・木・金・土のいずれか（校舎によって異なります）
- **時　間**　17：00 ～ 18：30（校舎によって異なります）
- **入塾金**　21,000円（基本コース生は不要）
- **授業料**　12,000円／１ヶ月（教材費を含みます）

お申し込み受付中

「日曜特訓講座」「作文コース」に関するお申し込み・お問い合わせは最寄りの
早稲田アカデミーまたは **本部教務部 03（5954）1731** まで

お気軽にお問い合わせください。
早稲アカ紹介DVDお送りします

一流中学
高校受験
早稲田アカデミー

早稲田アカデミー主催

教育・進学講演会

世界にはばたけ！未来のリーダー！

開成中学校・高等学校校長　柳沢 幸雄 先生

9月6日、東京・よみうりホールで早稲田アカデミー主催「教育・進学講演会」が開催され、「世界にはばたけ！未来のリーダー！」と題して、開成中学校・高等学校校長の柳沢幸雄先生がお話しされました。参加されたご父母約700人の聴衆がみな感動した、柳沢先生のご講演要旨です。

「ほめること」と「けなすこと」

私（柳沢校長先生）は教育のゴールを、「人生を肯定的に回想できる」ようになることだと考えています。仕事での充実感や社会への貢献度、楽しく過ごせた時間などを回想して、人生を肯定的に考えられるかどうか、それに尽きると思います。そしてその土台は高校時代に作られるものなのです。

アメリカの学生は自信満々に発言します。なぜあんなに自信が持てるのか。そこには「ほめられる」ことの積み重ねが影響していると思います。

アメリカでは幼少期から「ほめる」教育です。ほめられれば子どもは自信がつきます。日本ではどうでしょう。「けなす」ことが多いのではないでしょうか。

お父さまやお母さまは「ほめるところが見つからない」と、よく言われます。そこでおすすめしたいのが「垂直比較」です。私の造語ですけれども、子どもは背が垂直に伸びるように、必ず伸びているところがあります。ある期間を見て伸びているところをほめてあげてください。ほかの子どもと比較（水平比較）するのではなく、その子

どもが成長している点を見つけるのです。親にはそれを見抜く力が求められます。

ハイハイができたり、初めて1歩を踏み出せたとき、お父さまもお母さまも満面の笑顔でほめていたはずです。子どもは転べば痛い、うまく歩ければほめられる。失敗をすればより工夫をするようになる。ほめられればより積極的に、より活動的になります。親はほめることで望ましい価値観を子どもに伝えていく必要があるのです。

アメリカの学生は自信満々

アメリカの学生は自信満々で発言しますが、論点を理解し考えていなければ発言できません。また、発言することで自分の誤りを知ることもできます。

日本では、教室でおとなしくしていることが評価されることもありますが、これでは失敗から学ぶことはできません。なにも言わなくてもわかる、というのは日本の文化のなかでは通用するかもしれません。これから鎖国をして、同じ文化を共有する仲間うちだけで生きていく、というのならいいのですが、そうはいかないでしょう。異

柳沢幸雄（やなぎさわ　ゆきお）先生
1947年生まれ。開成中学校・高等学校卒業。東京大学大学院工学系研究科博士課程修了。米・ハーバード大学公衆衛生大学院准教授・併任教授、東京大学大学院新領域創成科学研究科教授を歴任後、2011年4月、開成中学校・高等学校校長に赴任、現在にいたる。

なった文化的背景を持つ者同士が意思を疎通させ、共生していくためには「論理的表現」が必要です。論理的表現こそが「人類共通語」なのです。

生気がない東大生もいる

東大教養学部には、生気がなく打っても響かない学生もいると私は感じています。

東大生は大きく3つのグループに分けられると思います。まずは、「燃え尽きたグループ」。大学受験に最も適した勉強の仕方だけを教えてもらいながら育ってしまうと、大学に入ったとたん、自分に合った勉強方法がわからず途方に暮れてしまいます。大学に入ること自体が目的でしたから、目的が達成され燃え尽きてしまっているのです。

首都圏の進学校を出た学生に多いのが「冷めているグループ」です。開成で言えば200人弱が東大に入ります。駒場キャンパスには知った顔がたくさんいます。自宅から通い同じ友だちと過ごし、高校時代と変わらない生活です。受験が終わり頑張って勉強する必要もない。勉強の仕方は非常によく知っているから授業は簡単です。燃えることもなく、冷めたままの学生生活を送ります。

打っても響かないのは、この1と2のグループの学生です。

さて、最後が「燃えているグループ」、彼らは地方の学校から単身東大にやってきて1人暮らしを始め、新たな友人関係をつくり、大学のなかで自分の居場所を開拓していかなければなりません。そして自分1人の時間を過ごしながら大人の自覚を芽生えさせていきます。仲間うちだけで固まって生活しているのではなくて、アメリカの学生と同じように自らの生活のなかで挑戦をしていく彼らの方が、人類共通語である「論理的表現」を身につけていく可能性も高いと言えます。

開成生は世界一の到達度

さて、開成生の話を少ししましょう。その能力は、知力だけでなく大人として生きていく力、精神的成熟度においても世界一の到達度だと断言できます。

それは彼らが創り出す「運動会」で見て取ることができます。彼らはそれを1年がかりで準備します。さまざまな係があり、1人ひとりに役目があり、リーダーシップが学べ、またリードされる経験も積めます。集団のなかで仕事をする経験、そしてみんなで分かちあう達成感も味わえます。

与えられたものには否定的になりがちな中高時代、親や先生、あるときは自分の命さえもないがしろにしたくなるものなのです。

しかし、自ら選んだものには強い共感を持ちます。友だちや先輩です。その生き方、将来像にまで共感し、職業選択のモデルにもします。運動会だけでなく、部活動などでも開成にはそのロールモデルがいくらでもいます。

反抗は不安の表れ

まとめとして、子どもに対する親の接し方についてお話しします。中高時代というのは「反抗期」に重なりますが、それは自立へのステップです。ですから反抗期は必要なものなのです。

その時期、親に必要なものは忍耐です。私は「2対1の原則」といっていますが、子どもに2倍しゃべらせろ、ということです。子どもの話を引き出すのです。反抗は、自立への欲求と親離れへの不安感との葛藤の表れですから、そこで「ほめる」ことです。ほめながら親の価値観を伝えるのです。

再度申しあげますが、鎖国をしない限り文化的背景の違う人々と共生していく時代になります。子どもたちはそんな世界を生きていかなければなりません。自立し、たくましい大人になっていくように子どもたちを育てましょう。

いま、過渡期にいる子どもたちは徐々に親のもとを離れていきます。

ですが、大人になった彼らから、感謝と優しさを受け取れる日は必ずやってきます。いまの子どもとの関係を、ぜひ大切に楽しんでください。

開成中学校・高等学校

所在地：東京都荒川区西日暮里4-2-4
TEL：03-3822-0741
アクセス：JR山手線・京浜東北線・地下鉄千代田線・日暮里・舎人ライナー「西日暮里」徒歩2分
URL: http://www.kaiseigakuen.jp

トウダイデイズ

現役東大生が東大での日々と受験に役立つ勉強のコツをお伝えします。

Vol.008

どう違う？
東大の２大キャンパス

text by 平（ひら）

先月号でご紹介した進学振り分け（進振り）が決定し、講義が専門化してきました。振り分け先が決まった２年生の大部分は、冬学期では駒場キャンパスと本郷キャンパス、２つのキャンパスを行ったり来たりしなければなりません。東大にはさらに、駒場第２キャンパスや柏キャンパスなど、大学院生以降に使うキャンパスがあるほか、白金台キャンパスなど、東大生にさえ、あまり知られていないキャンパスもあります。

また、東大に関連する施設は全国に数多くあり、すべて合わせると日本の面積の0.1%ほどあるそうです。北海道大には負けますけどね。

さて、今月は東大の２大キャンパス、本郷キャンパスと駒場キャンパスを比較してみましょう。

有名なのは赤門や安田講堂など風格のある古い建物が多い本郷キャンパスでしょう。ここは３年生から多くの学部で専門課程の講義が行われるキャンパスで、最寄り駅のどこから歩いても門まで５分以上かかるうえ、キャンパスに入ってからも、端から端まで歩くと10分以上かかるので、自転車を使う学生も多いです。

農学部は、本郷キャンパスに隣りあった弥生キャンパスに多くの建物があり、「ドーバー海峡」と呼ばれる歩道橋でキャンパス同士がつながっています。

もう１つのキャンパスである駒場キャンパスでは、１、２年生の前期教養課程の授業が行われます。新しい学舎が多く、とくに図書館は本郷キャンパスのものと比べてとても近代的なデザインです。ちなみに理学部数学科と後期教養学部は専門課程ですが、駒場キャンパスで講義が行われます。ここは「駒場東大前」駅から歩いて１分という近さなので、電車通学が便利です。

本郷キャンパスでは「理学部１号館」など学部ごとに建物に名前がついていますが、駒場キャンパスでは「13号館」など番号だけなので、建物の番号がわからず迷うこともしばしばあります。本郷キャンパスよりも狭いですが、ひと回りするには結構な時間がかかります。

ちなみに、東大のキャンパスには東大生でなくても自由に入れます。建物に入るには制限があることもありますが、一度見に行ってもおもしろいと思います。みなさんの場合は、高校受験が終わってからですね。

話は変わりますが、『サクセス15』は高校受験の雑誌ですので、みなさんが受ける模擬試験について、最後に少しだけアドバイスします。模試では、結果に一喜一憂するのではなく、その結果をこれからどうするかという情報として捉えることが重要です。自分の「間違えるパターン」に気づき、それをなくしていくため、解答を覚えるつもりでしっかり復習してください。

そして重要なのが、志望校の合格最低点の情報を得て、合格点に達するには各教科あと何点取らないといけないかを予想し、計算することです。問題にもよりますが、緊張のなかでは現在取れている点数から１割引いたぐらいが実際に取れる点数と考えてください。

自分が現在の実力で何点取れていて、本番では何点取れるかという情報は、模試でしか得られません。ぜひ計算してしっかり計画を立てて勉強してください。

▶▶▶ 模試の「ひと言アドバイス」も

教えて大学博士！

なりたい職業から学部を考える

今回は、なりたい職業から考える大学学部特集だ。みんなはなりたい職業はあるかな？　小さなころには、そんな思いは漠然とした憧れで、空想を楽しむような気持ちに近かったかもしれない。でも、中学生にもなれば、高校受験、そしてその先の大学受験と、具体的に将来へのビジョンを描いている人もいるはず。将来の進路選択の基礎知識として、大学の学部について学んでいこう。

大学博士《だいがくはかせ》
どこぞの大学でなにかを研究している博士だが、なぜか大学についてはとても詳しく、ついたあだ名は「大学博士」。日々、進路や将来について悩む少年少女の相談に乗ってくれる頼もしい人物。

夢子《ゆめこ》ちゃん
めざす職業はまだ決まっていないけど、中学生のいまからしっかり調べていきたいと思っている意欲的な女の子。得意科目は数学だが、文系も気になるお年ごろ。

将来《まさき》くん
自分の学びたい分野を専門的に勉強できる大学生に憧れている。趣味は大学のパンフレット集め。行きたい大学が多すぎて迷走中、大学博士に相談にきた。

将来くん
博士〜〜〜ぼくはA大学もB大学もC大学も気になる…。A大に行くなら附属高校を志望した方がよさそうだけど、B・Cは附属校がないから公立校に行ってもいいし…なんか悩みすぎてわけがわかんないよ〜どうしよう…。

夢子ちゃん
でた、大学マニア(笑)。でも私も将来についてきちんといまから考えて行きたいの。ねぇ博士、どうやって大学や学部を選べばいいのかしら。

博士
フフフフ。2人とも「大学進学」ばかりに目がいってしまって大事なことを忘れている。大学で学ぶことが将来の職業に結びつくということじゃよ。例えば医師になりたいのならば医学部に行くのがベストであるように、めざす職業に最適な学部を選ぶという方がスマートな場合もあるんじゃ。

将来くん
そっか！　そういう選び方だときちんと将来の夢と向きあえていいね！

博士
では、なりたい職業別に、どの学部へ進学するとよいのかを見てみよう。併せて、特色ある珍しい学部のある大学についてもご紹介しよう。夢に向かってLet's go!　じゃ！

獣医師

動物を看《み》る医師のこと。イヌ・ネコ・小鳥などのペットの診療や、ニワトリ・ウシ・ブタなどの産業動物の診療などを行う。そのほかにも、水族館や動物園で勤務し臨床行為を行う場合などさまざま。国家資格である獣医師免許が必要で、獣医学系の大学を卒業し、獣医師国家試験に合格することで取得できる。

【必要な資格】

獣医師免許

獣医師になるには

獣医学部 農学部など

理系

獣医になりたければ、獣医学科のある獣医学系の大学をめざすんじゃ。設置されている学部は獣医学部や農学部、畜産学部、生命環境科学部など大学によってさまざまなので、よく調べておくんじゃぞ。

国公立が11大学、私立が5大学の計16大学と、あまり多くはない。こちらも6年制じゃ。

【獣医学科のある大学】

東京大（理科Ⅲ類）、北海道大（獣医学部）、東京農工大（農学部）、日本獣医生命科学大（獣医学部）など。

薬剤師

専門的な知識をもとに、病気の治療や予防に使う「薬」にかかわる仕事。ドラッグストアや調剤薬局をはじめ、病院や診療所で働いたり、医薬品関係企業での製造や販売に携わるなど、薬剤師の業務は幅が広い。薬剤師になるには、大学で薬学を学び、薬剤師国家試験に合格する必要がある。

【必要な資格】

薬剤師

薬剤師になるには

薬学部

理系

薬剤師になるには、大学で薬学の正規課程を修めて、薬剤師国家試験に合格しなければならないんじゃ。また、薬学部の正規課程は医師と同じで6年間あるぞ。

6年制になったのは2006年からで、約半年の薬局病院実務実習が必修化されるなど、より薬剤師への教育が充実されたんじゃ。

【薬学部のある大学】

国立大の京都大、大阪大、北海道大など、私立大の慶應義塾大、東京理大、立命館大、星薬科大、北里大、武蔵野大などがある。

医　師

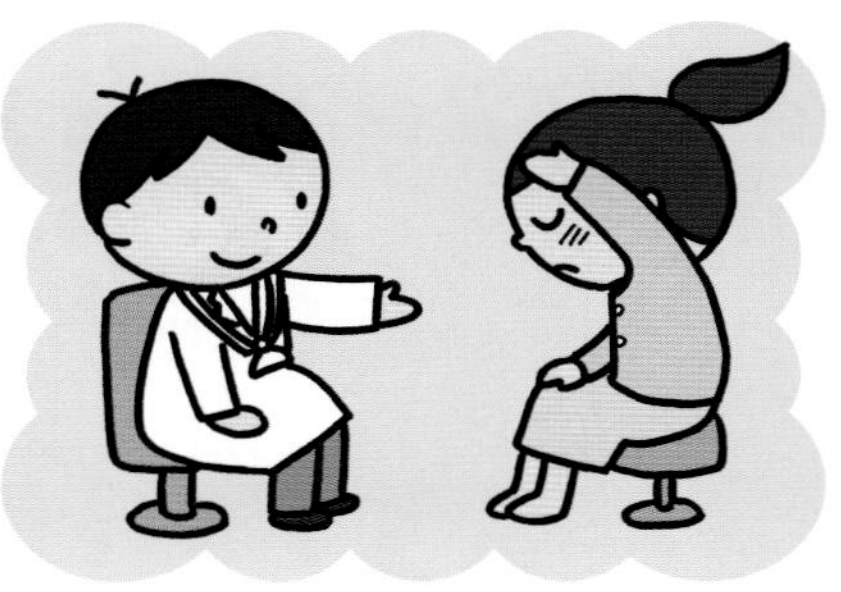

病気や怪我の診療をする仕事。人の命にかかわる仕事ということで、専門的知識が求められる。日本では医師は国家資格であり、毎年行われる医師国家試験に合格し、医師免許を取得する必要がある。医師免許を取得してもすぐ医師と認められるわけではなく、2年間の卒後臨床研修（インターン）が必要となる。

【必要な資格】

医師免許

医師になるには

医学部

理系

医師国家試験を受験するのに必要な前提条件として「医学の正規の課程を修めて卒業すること」とあるため、医師になりたければ医学部医学科を志すのが一番じゃ。

医学部は全国の国・公・私立合わせて80の大学に設置されている。ちなみに医学部は6年制なので、普通の4年制大学より2年も長いぞ。

【医学部医学科のある大学】

東京大（理科三類）・京都大（医学部医学科）慶應義塾大（医学部）など。大学ではないが防衛医科大学校もある。

上とは反対に、ここでは、学部から職業を見てみるとしよう。

立教大　観光学部

観光学部がある立教大・新座キャンパス

その名の通り、ホテルなどの宿泊産業に始まり、旅行業、運輸業、旅行代理店といった観光分野で働くためのさまざまな勉強をすることができる学部じゃ。

理系の研究者

研究者とは、大学や研究機関（国立・民間企業の研究所など）などで自分の専門とする学問の研究をする人のこと。学者ともいう。必要な資格はとくに定められておらず、研究機関で研究職として採用されれば研究者になることができる。しかし、多くの研究者は博士号を取得していることから、学歴は大学院後期課程修了が望ましい。

研究者になるには

学びたい分野のある学部　理系

一生かけて学びたいと思う分野のある大学へ進学するんじゃ。大学卒業後は大学院へ進み、2年間の前期課程ののち、3年間の後期課程を経て博士号の取得をめざそう。博士号を取得すると、さまざまな研究機関の求人へ応募できるぞ。

しかし、博士号取得も研究機関への採用もかなり難しいので覚悟が必要じゃ。

【研究者をめざせる学部例】

例えば、ロケットなど宇宙機器の製造に関する研究をしたい場合は、工学部の航空宇宙工学科をめざすなど。

建築士

建物の設計や工事の管理を行う仕事。建築士の資格は、建築士法のもとで国家資格に定められており、取得するには国家試験に合格しなければならない。取り扱うことのできる建物の規模や構造に応じて、一級建築士・二級建築士・木造建築士の3つに分かれている。また、受験資格には実務経験が必要な場合もある。

【必要な資格】

一級建築士・二級建築士・木造建築士

建築士になるには

工学部などの建築学科　理系

建築士試験の受験資格を得るには、必ずしも大学で建築学を学ばなければならないというわけではないんじゃ。しかし、学歴によって受験資格に必要な実務経験の年数に差がつくため、一級建築士をめざすなら大学の建築学科を卒業するのが最短ルートじゃ（一級は建築学科卒業後実務経験2年を経て受験資格を取れる）。

【建築学科のある大学】

京都大（工学部）、早稲田大（創造理工学部）、東京理大（工学部・理工学部）など。

社会福祉士 臨床心理士

医師・薬剤師以外にも、医療や福祉にかかわる仕事はたくさんある。社会福祉士は福祉に関するエキスパートとして、さまざまな相談に乗ったり助言や指導を行う仕事。臨床心理士は心理職の専門家で、相談者の精神疾患や心身症の改善や予防などに携わる仕事。

【必要な資格】

社会福祉士
臨床心理士

社会福祉士　臨床心理士になるには

福祉系学部　心理学を学べる学部　文系

社会福祉士をめざすなら、大学卒業後相談援助の実務や養成施設などで学ぶ必要なく国家試験受験資格を得られる福祉系学部のある大学じゃ。臨床心理士は心理学を学べる学部がよいぞ。しかも、受験資格に日本臨床心理士資格認定協会の指定大学院・専門職大学院修了学歴が必要となるので、大学院を意識した大学選びをしよう。

【福祉、心理学を学べる大学】

福祉系：法政大（現代福祉学部）、立教大（コミュニティ福祉学部）など。心理学系：東京大（文学部・教育学部）、早稲田大（人間科学部ほか）など。

近年は、ほかの大学でも観光学部・学科が増えつつあるが、立教大の観光学部はそのはしりとも言えるもの。

また、単に観光分野で働くためのスキルだけを学ぶということではなく、ますます広がりつつある観光業をカバーできるよう、多種多様な分野を絡めて学んでいけるのも魅力じゃ。

明治大　国際日本学部

〝真の国際人〟育成を掲げている明治大の国際日本学部。「国際で日本学って？」とみんなも頭にクエスチョンマークが浮かんだじゃろう。

じつは、世界で活躍するためには、外国語の習得や、外国の文化などを知ることも大切じゃが、みんなが自分の国、つまり日本のことをよく理解し、外国の人に説明できることも重要なんじゃ。

この国際日本学部では、語学教育はもちろんのこと、日本のものづくり論やコンテンツ産業論、そして、世界で注目されているポップカルチャー（「Cool JAPAN」って聞いたことはないかな？）などの文化的なことまで学ぶことができるのじゃ。

「ここで学べば必ずこの職業につける！」という職業があるわけではないが、国際的な舞台で日本のこと

通　訳

日本人と外国人相互のコミュニケーションを助けるため、それぞれの言語を訳し伝える仕事。外国語の高い理解力やその分野の専門知識、日本語の表現力も必要となる。個人的感情は出さずに、相手の言葉を正確に伝えなければならない。外国人旅行者に日本を案内する通訳案内士という仕事もある。

【通訳案内士に必要な資格】

通訳案内士

通訳になるには

外国語学部 文学部

文系

外国語が身についているのは大前提じゃ。言語だけでなく、その国や国民についても学ぶとよいじゃろう。自分の得意分野、専門分野を見つけておくと強みになるぞ。

忘れてはいけないのが日本語、日本についての知識じゃ。通訳案内士だと、君の案内次第で日本の印象が変わるかもしれんからな。

【外国語を学べる大学】

東京外大（言語文化学部）、津田塾大（学芸学部英文学科）、上智大（外国語学部）など。

外交官

世界各国にある日本大使館や領事館などの在外公館、または外務省本省にて勤務する。国家公務員採用総合職試験に合格し外務省に入省する。または外務省が独自に実施する外務省専門職員採用試験に合格し、専門語学と専門知識を武器に専門職員として活躍する。

【必要な試験】

国家公務員採用総合試験
外務省専門職員採用試験

外交官になるには

法学部 外国語学部など

文系

外務省専門職員採用試験は、どこの学部でなければならないということはないのじゃが、試験科目に憲法や国際法、経済学があるぞ。外国語はもちろんじゃが、そういった勉強もしていかなければならん。

予備校に通う者も多いが、支援プログラムを用意している大学もあるので調べておくといいぞ。

【支援プログラムのある大学】

東京外大（外交官プログラム）、青山学院大（公務員志望者向け進路・就職支援プログラム）など。

小学校教諭

公立・私立の小学校において、児童に生活と教科の指導を行う仕事。音楽や体育など専任の教諭がいるところもあるが、原則的に全教科を教える。小学校の教員免許状を取得する必要がある。免許状の有効期間は10年間であり、継続のためには30時間以上の免許状更新講習を受講・修了しなければならない。

【必要な資格】

小学校教員免許（一種、二種、専修）

小学校教諭になるには

教育学部

文系

教員は各学校種ごとの免許が必要じゃ。小学校の免許が取得できる大学は限られておるので注意しよう。

教科に対する専門的知識を身につけることはもちろん、人間の成長・発達についても深く学ぶことが重要じゃ。その身につけた広い教養に基づいて実践的指導力を磨いていくんじゃぞ。

【小学校教員免許の取得できる大学】

筑波大（人間学群教育学類）、東京学芸大（教育学部教育系）、早稲田大（教育学部教育学科）など。

を発信していきたいと考える人にオススメじゃ。

千葉大　園芸学部

千葉大園芸学部のフランス式庭園

都市とのかかわりのなかで「食と緑」をテーマに学ぶことができるのが園芸学部じゃ。

「園芸」と聞くと、将来は農業関係だけなのかと考えてしまうが、園芸作物の栽培などから、生命科学、環境科学、人々の身体や心の健康についてまで、非常に幅広く結びつけて学ぶことができる。

みんなが暮らす21世紀は、今後さらに食糧問題と環境問題に向きあっていかなければならない時代じゃ。その両方について学び、研究者や生

検察官

事件や犯罪を、警察とともに捜査し、その事件の裁判を行うかどうかを決める仕事。ときには犯人を取り調べたり、警察と協力せず、検事だけで捜査を行うこともある。

弁護士と違い、検察官は国家公務員なので、検察官になった場合は検察庁に所属することになる。

【必要な試験】

司法試験

裁判官

法律に基づき、裁判所で行われるあらゆる訴訟の決着をつけている。公正かつ中立な判断力が求められる仕事で、「法の番人」ともよばれている。

司法試験に合格し法曹資格を得たあとすぐに裁判官になれるわけではなく、10年間判事補として経験を積むと裁判官（判事）に任命される。

【必要な試験】

司法試験

弁護士

依頼人のために、裁判などで依頼人を弁護する仕事。弁護士の仕事は幅広く、犯罪事件を扱うだけでなく、離婚や相続問題など、私的なトラブルの解決も行っている。また、市民に向けた法律相談も行っている。

法曹資格を得て弁護士になる場合は、弁護士会に登録後、活動を行うことができる。

【必要な試験】

司法試験

弁護士・裁判官・検察官になるには　法学部　文系

上記で説明した弁護士・検察官・裁判官は、三者まとめて「法曹」とよばれておる。

法曹に入るにはまず、国家試験である司法試験に合格する必要があるのじゃが、司法試験の受験資格は法科大学院を卒業することで得られるのじゃ。司法試験予備試験に合格することで受験資格を得る方法もあるのだが、予備試験はとても難しいため、法科大学院へ行くことで受験資格を得る学生が多いのが現状じゃ。

法科大学院は、法学部ですでに法律科目を学んでいる場合は2年間の在籍でよいが、法律科目を学んでいない場合は3年間の在籍となるため、いち早く法科大学院を卒業して法曹になりたければ、法学部へ進学するのがいいじゃろう。

法学部は、国・公・私立にかかわらず全国の多くの大学に設置されているが、法学部が設置されている大学だからといって法科大学院も設置されているとは限らないぞ。

司法試験に受かったあとは、司法研修所で1年間の司法修習を受けるのじゃ。司法修習では、弁護修習・検察修習・裁判修習など、法曹三者のどの現場も体験するぞ。そして、司法修習の最終試験である司法修習生考試に合格すれば、法曹三者のうち、どれかになれる資格が与えられる。法曹三者のどれになるのかは、原則的に自分で決めることができる。

このように、法曹三者のどれになりたくても、基本的には司法修習の最後まで全員同じルートをたどるのじゃ。

【法科大学院のある大学】

慶應義塾大、東京大、早稲田大、中央大、京都大、一橋大、明治大、大阪大、北海道大、神戸大など（2013年度司法試験合格人数の多い順）。

産者、技術者として問題解決に取り組みたい人にはうってつけの学部かもしれん。

東京工大　工学部社会工学科

いまや理系と文系はキッチリと区別するものではなく、さまざまな分野で混ざり合ってきておる。みんなが大学生になるころには、もっとそれが進んでいくじゃろう。

工学部といえば、理系の代表ともいえる学部で、ロボット、宇宙、建築など文系の人にはとても縁遠い世界に思えるかもしれん。

しかし、東京工大の工学部社会工学科は、理系的な知識や理論を身につけ、社会、つまり人間、会社、政府、自然、土地などを対象にした学びを進めていくところじゃ。卒業生の8割程度が大学院に進学し、その後の進路は、経済、マスコミ、行政、研究など多方面にわたるのも特徴的じゃな。

ほかにも、各大学は工夫を凝らしてさまざまな学部や学科を開設しておる。いまからでもいいし、高校に入学してからでもいい。「こんな勉強がしてみたい」「あんな職業についてみたい」と思ったら、積極的に自分から探してみよう。

Kosei GAKUEN GIRLS' SENIOR HIGH SCHOOL

難関大学合格実績

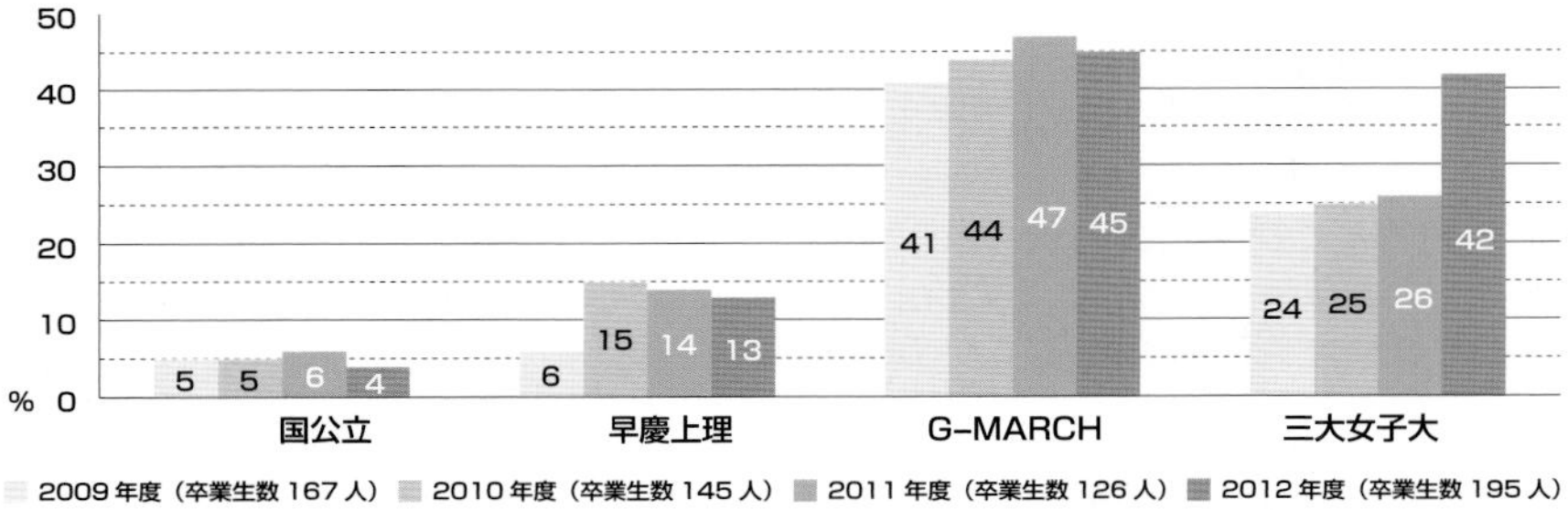

"Topics"

- 特進メディカルクラスなど特色あるカリキュラムの３コース制
- 選べる２つの留学スタイル
  高校長期…まるまる１年間ニュージーランドで英語づけの日々
  高校短期…まるまる１カ月イギリス修学旅行を延長して現地校に滞在
- 英検１級合格や TOEIC スコア 950 を育む豊かな英語学習環境
- 本年度は TOEFL 対策を強化
- 生きた「英語」を学び、団体戦で進路実現へ

学校説明会・オープンスクールのご案内等 web でご確認下さい。

佼成学園女子高等学校

〒157-0064　東京都世田谷区給田２-１-１　Tel.03-3300-2351（代表）www.girls.kosei.ac.jp

●京王線「千歳烏山」駅下車徒歩６分　●小田急線「千歳船橋」駅から京王バス利用約15分、「南水無」下車すぐ

cafe

ホッとひと息 学校カフェテリアへようこそ

おいしいご飯を食べたり、友だちとのおしゃべりを楽しんだり…
生徒たちがホッとひと息つける空間、学校カフェテリア。
各校ごとに特色のある学校カフェテリアをご紹介します。

使い方は人それぞれ！ 國《こく》學《がく》院《いん》大《だい》學《がく》久《く》我《が》山《やま》高等学校

　國學院大學久我山高等学校は、優秀な大学進学実績とともに、ラグビー、サッカーなどクラブ活動でも有名な文武両道の学校です。さらに、授業などが男女別の別学校でもあります。

　そんな國學院久我山のカフェテリアは、男女共用のスペースの１つ。座席数は190あります。

　大きな特徴の１つは、「メニューをテイクアウトできることです」と生徒会長の矢澤暢堂《やざわまさたか》くん。教室で友だちとカフェテリアのメニューが食べられるとあって大人気です。併設の購買部ではパンなども買えます。また、食べ盛りの生徒に好評なのが、カフェテリアに備えつけられている自動販売機です。売られているのは飲みものだけではないそうです。

「自動販売機でパンを買うことができるんです。ちょっとお腹が空いたときに重宝しています。」（生徒会副会長・豊田康平《とよだこうへい》くん）

　さらに、自習スペースや生徒同士の交流の場としても使われています。放課後はもちろん、大学受験を控えた高３が朝早くから利用する姿も見られるなど、生徒はさまざまな用途で活用しています。

高校だけではなく、併設中学の生徒もお昼どきにはやってきます。

パンの自動販売機もあります。

購買部でもいろいろな飲食物を買うことができます。

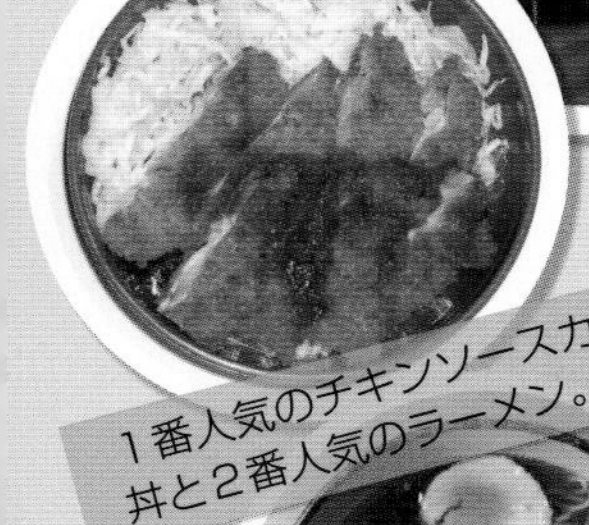

１番人気のチキンソースカツ丼と２番人気のラーメン。

昼食はお弁当ですが、なにかとカフェテリアを利用することも多いという矢澤くん（左）と豊田くん

スクールデータ

所在地	東京都杉並区久我山1-9-1
TEL	03-3334-1151
URL	http://www.kugayama-h.ed.jp/
アクセス	京王井の頭線「久我山」徒歩12分

メニューも豊富で きれいなカフェテリア 渋《しぶ》谷《や》教《きょう》育《いく》学《がく》園《えん》幕《まく》張《はり》高等学校

千葉県でトップレベルの進学実績を誇る、渋谷教育学園幕張高等学校のカフェテリアは2013年5月の新棟建設とともに新しく生まれ変わりました。明るく開放的なデザインとなっており、カフェテリアでの食事を楽しみにしている生徒で連日にぎわっています。「営業時間は平日が11:30〜14:00、土曜が11:00〜14:00です。平日は高校生しか利用できませんが、土曜日は中学生も利用できるので、多くの生徒で溢れかえります。」（富塚博崇先生）

ランチメニューは日替わりです。種類も豊富で、定食、丼、中華麺/パスタ、カレー、そば・うどんなどがあります。「生徒が飽きずに毎日おいしく食べられるよう工夫をしています。とくに人気なのは、お肉を使ったメニューです」と主任栄養士の片野彰子さん。生徒の人気を反映しようと、最近はお肉のメニューを増やしているそうです。取材当日も「七味マヨ豚丼」というお肉を使った丼メニューが早々と売り切れていました。また、「生徒から要望のあった麺の替え玉を100円で始めました」（調理場チーフ・村上志津香さん）とのこと。このように、生徒の声が届くのも大きな魅力です。

取材当日の日替わり定食は、「豚肉と野菜のトマトカレー煮」。

このように、日替わりメニューの手作りサンプルが毎日台に並びます。

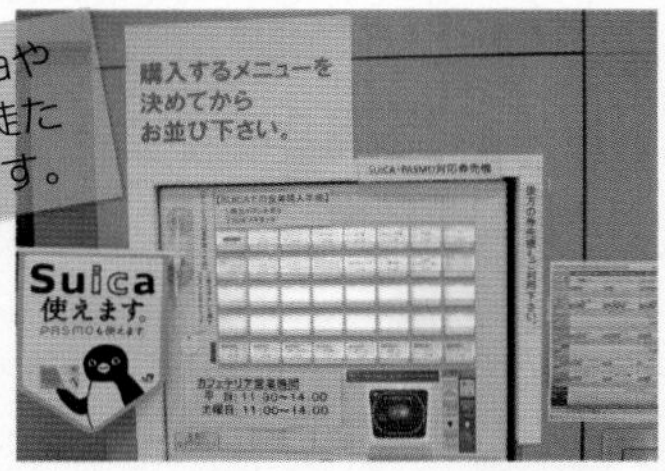

券売機はなんと、SuicaやPasmoが使えます。生徒たちからも便利だと評判です。

ほぼ毎日利用していて、一番好きなのはカレーです。ランチだけで足りないときは、購買でパンを買ってます。

サントスくん(左)、アレサンドロくん

ぼくたちもほぼ毎日利用してます。1学期に出たつけめんがおいしかったので、また出てほしいです。

手前から時計回り 渡部《わたなべ》くん、村松《むらまつ》くん、角田《すみた》くん、片岡《かたおか》くん、阿部《あべ》くん

購買部

カフェテリアのリニューアルに伴い、購買部もリニューアルしました。おにぎり、パン、弁当、ジュース、アイス、雑貨など、以前よりも格段に品揃えがよくなりました。

生徒からおいしいと評判だった人気の商品を再び仕入れたり、これを置いてほしいと要望があったものを仕入れるなど、生徒の希望を反映する購買部を作りあげています。

スクールデータ

所在地	千葉県千葉市美浜区若葉1-3
TEL	043-271-1221
URL	http://www.shibumaku.jp/
アクセス	JR京葉線「海浜幕張」徒歩10分

富士山も見えるすばらしい眺望の明るいカフェテリア

東《とう》京《きょう》都《と》市《し》大《だい》学《がく》等《と》々《ど》力《ろき》高等学校

窓に面したながめのいい席もあります。

ハンバーグ温玉添え。

瀧山 雛さん

近年、進学実績を伸ばし注目を集めている東京都市大学等々力高等学校のカフェテリア「ラウンジSo-La」は、2011年に竣工した新校舎の５階にあります。こちらの魅力は、なんといっても明るくて眺めがいいこと。左右の壁面は床から天井までガラス張りで、晴れると富士山も望めます。

「利用時間は、お昼は月～金の12:25～13:10まで。メニューは日替わりで、定食・カレー・丼・うどんの４種類から選べます。ユーリンチーやカレーが人気ですね。パンや飲みものなどの販売もあります。230席の座席はいつもほとんど満席です。夕方は17:30～19:00。この時間は夜まで自習室で勉強する生徒用に補食としてセブンイレブンのおにぎり・パンなどの販売を行っています。」（又川初恵先生）

「明るくてきれいなところが好きで毎日利用しています。ハンバーグがおいしいですよ。」（瀧山《たきやま》雛《ひいな》さん）

食事の時間が楽しくなる、生徒の憩いの場です。

スクールデータ

所在地	東京都世田谷区等々力 8-10-1
TEL	03-5962-0104
URL	http://www.tcu-todoroki.ed.jp/
アクセス	東急大井町線「等々力」徒歩10分

広々としたスペースと気軽さがGood！

佼《こう》成《せい》学《がく》園《えん》女《じょ》子《し》高等学校

広々としたスペースで、採光もバッチリです。

人気メニューの日替わり定食。

取材に協力してくれた生徒会長の鈴木さん(左手前)、美化委員の沼田亜沙季《ぬまたあさき》さん(左中)、書記長の有山さん(左奥)

「英検まつり」など独自の英語教育を中心に、着実に受験生の人気を集めている佼成学園女子高等学校。そのカフェテリアは230席あり、学校説明会などにも使われる広さがあります。

一番人気の定食や丼物は日替わりでメニューが変わります。ほかにもカレーライスや、麺類もラーメン、うどん、サラダうどんなど豊富な品揃え。また、ここを使う生徒はカフェテリアのメニューを食べる生徒だけではありません。普段はお弁当が多いという有山《ありやま》唯杏《いあん》さんは「お弁当をここで食べるときもあります」とのこと。カフェテリアを利用する友だちといっしょにここで昼食をとることもできるのです。

さらに、「お弁当が足りなかったり、ちょっとお腹が空いた時にはカップに入ったポテトフライや唐揚げ（100円）を食べたりします」と鈴木玲名《すずきれいな》さん。16時までの営業時間中は、こういった軽食や、夏にはアイスクリームなども買うことができる気軽さが特徴です。

スクールデータ

所在地	東京都世田谷区給田 2-1-1
TEL	03-3300-2351
URL	http://www.girls.kosei.ac.jp/
アクセス	京王線「千歳烏山」徒歩６分

系列の武蔵野大学に薬学・看護・教育学部他、多数内部進学枠あり。

■ 学校説明会 ※第４回・第５回は要予約

第３回 **11/ 2**（土） 13：30～15：30 教育内容・進路について・卒業生座談会
第４回 **11/23**（土・祝）10：00～11：30 入試問題解説（英語・国語・数学）
第５回 **12/ 7**（土） 13：30～15：30 入試問題解説（英語・国語・数学）

■ 個別相談会 ※要予約

11/16（土）
11/30（土）
12/14（土）
12/21（土）
各10：00～15：00

■ 2014年度入試要項（概要）

	推薦入試		併願優遇入試		一般入試（一般・第一志望）	
コース	特進コース	進学コース（国際含む）	特進コース	進学コース（国際含む）	特進コース	進学コース（国際含む）
募集人員	15名	40名	10名	30名	5名	10名
入試日	単願・併願推薦：1/22（水） 併願推薦　：1/23（木）		2/10（月）			
出願期間	1/15（水）～1/18（土） 9：00～16：00		1/25（土）～試験前日（日曜日除く） 9：00～16：00			

※併願推薦につきましては神奈川県を除く隣接県対応とします

CHIYODA

千代田女学園 中学校 高等学校

〒102-0081 東京都千代田区四番町11番地　電話03（3263）6551（代）
●交通＜JR＞市ヶ谷駅・四ツ谷駅（徒歩7～8分）
＜地下鉄＞四ッ谷駅・市ヶ谷駅（徒歩7～8分）/半蔵門駅・麹町駅（徒歩5分）

http://www.chiyoda-j.ac.jp/

一貫教育校の恵まれた環境が人間性を磨き、幅を広げていく

KEIO SHIKI SENIOR HIGH SCHOOL

慶應義塾志木高等学校

埼玉県
志木市
男子校

髙橋《たかはし》 郁夫《いくお》 校長先生

慶應義塾の一貫教育校の1つ、慶應義塾志木高等学校。大学受験の枠にとらわれず、高い教育水準のもとで、伸びのびと勉強、部活動、学校行事に打ち込むことができます。

交通アクセスに恵まれた自然豊かなキャンパス

慶應義塾志木高等学校（以下、慶應志木高）は、東武東上線の志木駅から徒歩７分と交通至便の場所にあり、緑に囲まれた自然豊かな環境に立地しています。

１９４８年（昭和23年）に慶應義塾農業高等学校として開校、その後１９５７年（昭和32年）に現在の普通科・慶應義塾志木高等学校となりました。

２００８年（平成20年）の慶應義塾創立１５０年の年に、慶應志木高も開校60年を迎えています。

慶應志木高では、慶應義塾の創設者である福澤諭吉が提唱した「慶應義塾の目的」と「独立自尊」の精神に基づいて、次の４つの教育目標を掲げています。

①塾生としての誇りを持たせること
②基礎的な学問の習得
③個性と能力をのばす教育
④健康を積極的に増進させること

髙橋郁夫校長先生は教育目標について「①は、『独立自尊』の『自尊』の部分に該当します。自主性があり、品格があって、明るい塾生となる教育です。②は、福澤の『学問のすゝめ』で説かれているような学問の重要性を示しています。受験勉強にとらわれることのない学問の基礎をしっかりと高校時代に培って、自分の好きな分野に進んでいく教育です。③は、『独立自尊』の『独立』にあたります。自主性をもって何事にも取り組んでいける力を養います。

そして④については、福澤が、子どものうちは《先ず獣身を成して、後に人心を養う》ということを言っています。勉強だけ詰め込むのではなく、好きなものに心と身体を向けて、一生懸命にそれを切磋琢磨することの大切さがこれにあたります」と説明されます。

慶應志木高では、４月１日〜３月31日までの１年を通して「単一学期制」を採用しています。そのなかで定期試験が年３回、６月、11月、そして学年末に行われます。

授業時数については、２０１２年度（平成24年度）から週６日制が実施され、これまでよりも授業時数を増やしながら、しっかりと部活動にも取り組めるような形になりました。

カリキュラムも改訂されました。

１年次は芸術科目を除き、全員が必修科目を共通履修で学びます。２年次は、理科と芸術および「総合的な学習の時間」として23の国や地域の言葉と文化を学ぶ講座を選択して履修します。

２年次の必修理科は、「物理」「化学基礎」の２科目か「生物」「地学基礎」の２科目のいずれかを選択して履修します。その際、医学部・理工学部・薬学部への進学を希望する生徒は「物理」「化学基礎」を選択する必要があります。

３年次には、10単位の自由選択科目があります。医学部・理工学部・薬学部への進学を希望する生徒は、３年次の必修理科で物理・化学を学び、自由選択科目は、医学部＝数学Ⅲ・化学・生物、理工学部＝数学Ⅲ・物理・化学、薬学部＝物理・化学を履修する必要があります。

大学進学後を見据えた知性を高める教育プログラム

慶應志木高がめざす教育は、確かな知力と物事を深く考察する冷静な判断力を養うことです。一貫教育校として、大学進学を見据えた学問の真髄を追究する授業が実践されています。

そうした授業からおもなものを紹介しましょう。

まず、１年次と２年次で行われる研修旅行です。１年次は「総合的な

研修旅行・見学旅行

研修旅行は１・２年次に、見学旅行は３年次に実施され、学年ごとにさまざまな学びの機会を得ることができます。

1年研修旅行

3年見学旅行

2年研修旅行

運動会

学年ごとにクラス対抗で優勝を競います。各種競技や仮装行列、そして騎馬戦がメインを飾ります。

収穫祭（文化祭）

前身の農業高校時代から行われている伝統ある行事です。３年生を中心とした実行委員会が自主的に運営しています。

志木の森ツアー

三重県にある「志木の森」に春と夏の年2回、希望者が参加します。3泊4日で広大な自然のなかでさまざまな経験をします。

部活動

9割近い生徒が部活動に参加しており、運動部、文化部ともに盛んです。

慶早戦

春に行われる大学野球の慶早戦に１年生全員で応援に行きます。慶應志木高だけではなく、ほかの一貫教育校からも参加します。塾生としてのきずなを感じることができる大切な行事の1つです。

学習の時間」の一環として2泊3日で箱根方面へでかけます。火山性ガスの性質を調査したり、かまぼこ工場を見学したり、美術館を訪れたりと、理科や社会、美術など、複数の教科の要素を取り入れた研修を行います。

2年次は、理科の総合的な研修のために、3泊4日で長野県の諏訪から新潟県の糸魚川周辺地域を訪れます。1・2年ともに、旅行が終わると、その旅行で調査したことをもとに、レポートを作成します。

3年次で履修する「自由選択科目」にも特色があります。2年次に行われるガイダンスと『講義要綱』を参考に、自分の興味・関心に応じて10単位を選択できます。例年20以上のバラエティーに富んだ講座が用意されます。

語学にかかわる授業にも力が入れられています。英語では、多読、ディベート、アカデミック・ライティングなど、大学につながるような内容を学習する機会があります。

また、金曜日の7時限目には、学年を問わず、希望者全員を対象に「語学課外講座」が設けられています。こうした講座で対応しているのは、フランス語、ドイツ語、アラビア語、ベトナム語、古典ギリシャ語など20言語以上におよびます。

国際交流も積極的に行われており、希望者はハワイ・ホノルルにあるプナホウ・スクールでの研修にも参加しています。

さらに、2012年度（平成24年度）からは、オーストラリアのクィーンズランド州にあるトゥーンバ・グラマー・スクールとの国際交流（夏季短期訪問プログラム）もスタートしています。

こうしたプログラムだけではなく、広い敷地と武蔵野の自然に囲まれた慶應志木高は、学校全体が教室のようなものです。動植物の生態を観察する、地形を測定する、俳句を詠むなど、教室内にとどまらない校内の環境を活かした授業が日常的に行われています。

生徒の興味をかき立てるさまざまな教育プログラムを余裕を持って実施できるのも、慶應義塾の一貫教育校ならではと言えるでしょう。

自由でアットホームな環境で 将来のために視野を広げる

慶應義塾大の各学部への進学に関する情報は、学部説明会や学部見学会などさまざまな場面で提供されており、さらに担任との面接などを通して、生徒各自が志望学部を決めていきます。推薦学部は、生徒の志望を尊重し、在学中の成績などが総合的に判断されて決定されます。

「生徒たちには、空間的にも時間的にも広い視野で物事を見ることの大切さを説いています。空間的に視野を広げるとは、自分のことだけではなく、家族のことや周囲のことも考えて行動をしてほしいということです。また、世界に目を向けることも重要でしょう。

次に、時間的な視野を広げるということですが、いまの生徒たちは、その場その場で考えるクセがついてしまい、1年、5年、10年先のことを考えることが少なくなっているとも感じます。そういった部分で、将来のことを考えて進路を決める、そのためには、いまどのようなアクションをとるべきなのか、といった時間的な視野をもう少し広げていってもらいたいですね」と語られる髙橋校長先生。こうした視野を広げる空間的、時間的な余裕が慶應志木高で過ごす生徒には用意されているのです。

「本校は自由でアットホームな学校で、教職員と生徒、それに卒業生である塾員が協力して学びの場を作り育んでいます。『偏差値が高いから』ではなく、『高校卒業後は、国内トップ水準の研究・教育の場を提供する慶應義塾大学で学びたい』という強い志を持つ人に、ぜひ本校をめざしてもらいたいです。」（髙橋校長先生）

School Data

所在地　埼玉県志木市本町4-14-1
アクセス　東武東上線「志木」徒歩7分
生徒数　男子のみ796名（2013年4月1日現在）
TEL　048-471-1361
URL　http://www.shiki.keio.ac.jp/

1学期制　週6日制
月～金曜日6時限、土4時限　50分授業
1学年6クラス　1クラス約40名

2013年度（平成25年度）慶應義塾大進学状況

学部名	進学者数
文学部	12
経済学部	80
法学部	78
商学部	29
医学部	7
理工学部	33
総合政策学部	1
環境情報学部	2
看護医療学部	1
薬学部	3
他大学受験など	2

共学校　千葉県　船橋市

千《ち》葉《ば》日《に》本《ほん》大《だい》学《がく》第《だい》一《いち》高等学校

社会力・人間力のある人づくり

千葉日本大学第一高等学校は、進路実現における高い目標を持ちつつも、学力至上主義に陥らず、社会力・人間力のある人づくりをめざしています。それは学園の教育理念である「絆を重んじ、良き生活習慣をもった次世代人の育成」に基づいたものです。

進路選択の幅を広げるサポート体制

魅力の1つとして日本大の附属校であることを活かした高大連携教育があります。生産工学部の講義の履修や、隣接する理工学部の研究体験、医歯薬学部の体験研修、文理学部体験授業があります。高校生時から大学の講義に触れることで、大学を身近に感じ、進路をより深く考えることができます。

また、日本大が主催するケンブリッジ大学語学研修には、全国の附属校24校から各3名、計72名が参加します。英語によるコミュニケーション能力を磨くだけでなく、他校の附属生との触れ合いも貴重な体験となります。

日本大への進学率は約6割で、夢や目標を見つけ、他大学に進学を希望する生徒も増加傾向にあります。

この他大学志望者の増加傾向に対応して、2008年度から「習熟クラス」を導入しました。1年次は希望調査のうえ、1クラス40名程度で編成、2年次からは文系・理系コースに分かれ、それぞれ1クラスずつ編成します。このクラスでは、他大学を第1志望とする3年次での他大学進学コースを視野に入れた授業が展開され、G-MARCH以上の大学への進学をサポートしています。

幅広い学問領域をカバーしている日本大へ、または他の難関大学へ、生徒1人ひとりの自己実現を大切に、進路指導を行っています。

心と身体を鍛え仲間と強い絆を結ぶ

広大なキャンパスを活かした部活動は、体育系・文化系ともに充実しています。生徒は、先輩・後輩の関係を自然に学びながら、根気やコミュニケーション能力を育み、より魅力ある人間へと成長していきます。

昨年、第1グラウンドが全面人工芝化され、施設がさらに充実しました。人工芝施設としては、千葉県で初のミスト散水設備も整えられています。

このように、千葉日本大学第一高等学校の生徒たちは、自分に合った進路実現をめざし、広大なキャンパスを利用した部活動・行事を通して社会力・人間力を磨きます。そして自分の頭で考え、判断し、自分の考えを持って表現・行動できるよう精神的に自立していきます。

School Data

所在地	千葉県船橋市習志野台8-34-1
生徒数	男子232名、女子93名
TEL	047-466-5155
アクセス	東葉高速鉄道「船橋日大前」徒歩12分
URL	http://www.chibanichi.ed.jp/

共学校　東京都　墨田区

安田学園《やすだがくえん》高等学校

〈※ 2014 年度から男女共学化〉

創立 90 周年の節目に新しいスタート

新コース体制で難関大学合格をめざす

安田学園高等学校は、「自学創造」教育により、「自ら考え学び、創造的学力・人間力を身につけ、グローバル社会に貢献する」生徒の育成をめざしています。

今年、2013年（平成25年）の創立90周年を期に、さらなる有為な人材を輩出するため、さまざまな教育制度の改革が行われています。

その改革の1つとして、2012年（平成24年）から「ビジネス情報科」「システム情報科」の募集が停止され、新しく3つのコースが誕生しました。

東大をはじめとした最難関国立大学の合格をめざす「S特コース」では、1・2年次に「探究」という授業を導入しています。この授業では、疑問点について考える際、ただ考えるだけではなく、仮説を設定したあと検証を行い、そこで新たな疑問点を発見する、というプロセスを繰り返します。そうすることで「学びの本質」を追究する「探究力」が鍛えられ、世界で活躍する人材へと成長していきます。

「S特コース」のほかには、難関国公立大・早慶上理の合格をめざす「特進コース」と、G－MARCH・中堅私大の合格をめざす「進学コース」が新設されました。どちらのコースも、自ら学ぶ姿勢が養われる充実した授業が展開され、難関大学への現役進学が可能となります。

また、この2コースには「ライフスキル」という授業が用意されています。企業から与えられた課題に、各チームが工夫をしながら取り組むことで、社会とのつながりを体験し、社会で活躍するために必要な力を養います。

着々と整う共学化への準備

教育システムが大きく変わるだけではなく、2014年度（平成26年度）からは男女共学化もスタートします。

共学化に向けて女子の制服が新しく作られたほか、男子の制服もリニューアルされました。男女ともにコシノジュンコさんが考案した、清潔感あふれる知的なデザインとなっています。

さらに、施設も新しく生まれ変わります。本館には、新しくコンビニエンスストアやカフェテリア、開設が検討されている茶道部や華道部のための作法室などが新設されました。また、柔道場や剣道場が入った武道場が新築され、南館は新南館として建て替えられます。

創立90周年を迎え、さらなる発展と飛躍が期待される安田学園高等学校。いま、大きく変貌を遂げようとしています。

School Data

所在地	東京都墨田区横網 2-2-25
生徒数	男子のみ 786 名（※ 2014 年度から男女共学化）
TEL	03-3624-2666
アクセス	ＪＲ総武線「両国」徒歩６分、都営大江戸線「両国」徒歩３分
ＵＲＬ	http://www.yasuda.ed.jp/

共学校

千葉県立 東《ひがし》葛《かつ》飾《しか》 高等学校

須田《すだ》 秀伸《ひでのぶ》 校長先生

多様性のある生徒が集い 現代社会に対応できる人材が育つ

地域をリードする学校として、開校以来多様な人材を社会に輩出してきた千葉県立東葛飾高等学校。2014年度から「医歯薬コース」を設置し、新カリキュラムの導入によりさらなる進化を遂げようとしています。

人間力と学力を両立し 高い対応力を持つ人に

千葉県立東葛飾高等学校（以下、東葛高）は、1924年（大正13年）に旧制の千葉県立東葛飾中学校として開校されたのが始まりです。1948年（昭和23年）の学制改革により現在の校名になりました。2007年（平成19年）には進学指導重点校に指定されています。

東葛高では、「自主自律の校是のもと、人間力・学力・教養を高め、世界に雄飛する人材を育成する」ことが掲げられています。

須田秀伸校長先生は「本校は、授業をはじめ生徒会活動など学校生活のさまざまな場面で、質の高い学びの場を提供しています。そのなかで、学力を充実させるとともに、高いコミュニケーション能力をはじめ豊かな人間性、健康な身体の育成に努めています。そうして、生涯にわたってキャリアアップする意識を持ち、社会で活躍できる人材に育ってもら

秋に行われる文化祭。3年生はクラスごとに見事な演劇を披露します。

文化祭

スポーツ祭

バレーボール、バスケットボール、サッカーなどの球技を、各学年ごとにクラス対抗で争います。

いたいのです。

いまの世の中は、以前にも増して変動が激しくなっています。社会に出れば、これまで蓄積してきたものが、役に立たなくなってしまうようなことが起きるかもしれません。しかし、社会の動向を見ながら、また新たに頑張れる強さ、たくましさを高校時代に養ってほしいですね」と話されます。

2014年度から新カリキュラムを実施

東葛高では、2009年度（平成21年度）から2学期制が採用されています。授業時間を最大限確保することで、基礎基本を徹底的に身につけることができます。さらに、学びの過去・現在・未来のつながりを大切にして、学問の本質が理解できる授業展開が行われています。

そうした授業での学びのカリキュラムが、2014年度（平成26年度）から新たな形として実施されます。

新カリキュラムには、進路希望に対応した4コースと豊富な選択科目が用意され、難関国立大学や国立医学部への現役合格に対応しています。

1年次は、全員が共通履修（芸術科目は選択）です。2年次から4つのコースに分かれます。文コース・文理コース・理コース・医歯薬コースがあります。とくに、医歯薬コースの設置に特色があります。

3年になると、文コース（10単位）・文理コース（10単位）・理コース（8単位）の自由選択科目が置かれています。医歯薬コースには、医歯薬選択科目の4単位と自由選択4単位があります。

2・3年次は、コースごとにクラス編成が行われるのではなく、原則として各自のクラスから、自分のコースの授業を受ける教室へ移動する形です。

「ただし、時間割の編成上、工夫が必要になるかもしれません。」（須田校長先生）

特徴ある「自由研究」と「東葛リベラルアーツ講座」

東葛高が実施している、人間力・学力・教養を高めるための特徴的な学びを紹介しましょう。

まず総合的な学習の時間を使った「自由研究」です。1年次、2年次、3年次の各コースに1時間ずつ設けられており、生徒が各自のテーマで1年間研究を続けます。問題発見、課題設定、情報収集、仮説設定、研究の計画、調査や実験観察、データの分析、結果の考察という過程を経て、最後に論文にまとめ発表が行われます。優秀な研究は毎年『自由研究概要集』という冊子に載ります。

もう1つが「東葛リベラルアーツ講座」です。学問に対する知的好奇心を高め、教養を身につけることや、キャリア教育

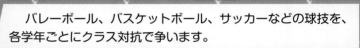

を目的として実施されています。授業とは別に行われ、おもに放課後、土曜日、長期休業中に開講されています。

講師は、大学教授や各分野のスペシャリストが招かれていますが、東葛高の教員による特別授業も行われています。地方検察庁の方による「模擬裁判」や、平家落人部落の伝説が残る福島県桧枝《ひのえ》岐《また》村へ出向き、農村歌舞伎を鑑賞するコースなど多彩な講座が用意されています。

ほかに講座の例としては「会議の作法」「学び方の学び」「最新宇宙論」「日本の近代化を体験しよう」「流星群の力学」などが開講されます（2013年度は約40講座を予定）。

医歯薬コースの設置で地域医療を担う人材を確保

医歯薬コースは、千葉県が県の医師不足の実態をふまえ、将来の地域医療を担う人材の育成を図ることを目的として、2014年度（平成26年度）から新しく東葛高に設置することを決めました。教育目標として次の3項目があげられています。

①医療の様々な実情に触れる機会を設け、確固たる目的意識を育成する。
②医療従事者に求められる、高い倫理観と豊かな人間性を醸成する。
③医療系大学進学のための確かな学力を育成する。

①・②を実現するために、「医歯薬プレ講座」と「医歯薬研究」「医歯薬特講」を設置。1年生で将来、医療従事者を志す生徒は、自由研究で「医療関係講座」のなかから「医歯薬プレ講座」を選択します。

これは、「東葛リベラルアーツ講座」を利用して設けられています。「医歯薬プレ講座」は、医歯薬コースへの準備講座です。2年次の医歯薬コースでは、「医歯薬研究」と「医歯薬特講」を履修します。「医歯薬研究」は「医歯薬特講」の準備・発展学習を行う時間になります。「医歯薬特講」は、千葉大医学部および地域の病院などの協力で実施されます。

③については、3年次に理数科目が徹底重視され、さらに「医歯薬選択科目」が設けられています。また、面接、小論文など進学対策も講じられ、ここで医・歯・薬学部への進学準備が整えられます。

須田校長先生は「本校では2013年度に、来年度の医歯薬コース開設に備えて、『医歯薬プレ講座』を開講しました。参加希望生徒は51名で、1年生が40名でした。本格実施になれば、さらに多くの生徒が集まると予想されます」と話されます。

進路指導は大学受験指導とキャリア教育の両輪で実施

東葛高の進路指導は、「進学指導（大

合唱祭

全クラスが参加して優勝を競いあいます。スポーツ祭、文化祭と合わせて東葛高の「三大祭」です。すべて生徒が主体となって行います。

修学旅行

10月に3泊4日で沖縄に出かけます。この旅行のプランなども生徒中心に毎年決定します。

大学模擬授業

学校に大学の先生を招き、20講座のなかから2つ選んで受講できます。

進路の日

1年生は千葉大を訪問します。2年生は一橋大、東京工大などさまざまな大学を訪れ、模擬講義を受けます。3年生は大学訪問などに加え、模擬テストなどを実施します。

インターンシップ

2年次には希望制で、各企業でインターンシップを体験することができます。

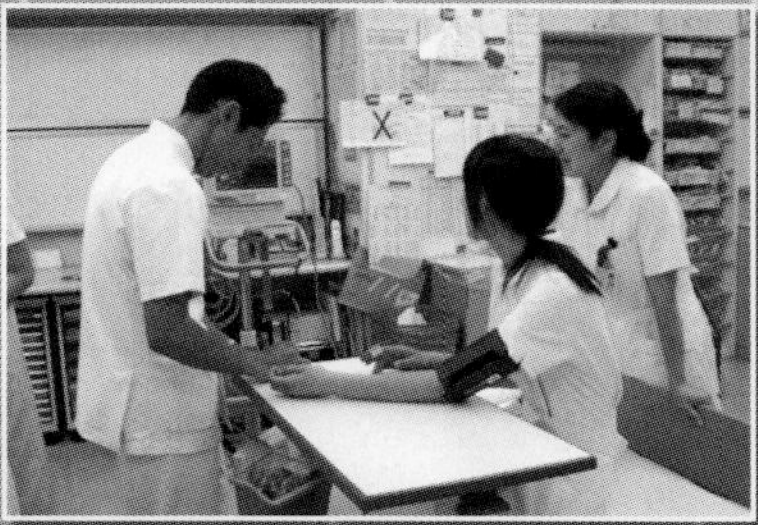

学受験指導」と「生き方あり方指導（キャリア教育）」の両輪で行われています。

生徒全員に向けて、4月に能率的な勉強方法・参考文献が示された「STUDYGUIDE」、5月には詳細な進路実績が掲載された「進路のしおり」が発行されます。

2年次には生徒の希望に応じたインターンシップ（職業体験）があり、7月の「進路の日」には、各学年の企画で大学見学に行きます。1年生は全員で千葉大を訪れ、2年次は一橋大や東京工大など複数の大学が対象になります。

また、1、2年生を対象にした「大学模擬講義」（11月）も行われます。およそ20分野20名の大学教授などが講義をします。高大連携事業として、協定を結んでいる東京外国語大とのプログラムも実施しています。

地域屈指の進学校として、毎年、国公立大・難関私立大へのすばらしい合格実績をあげている千葉県立東葛飾高等学校。伝統がありながら、つねに改革を続ける学校が求めているのはどんな生徒さんなのでしょうか。最後に須田校長先生に伺いました。

「本校は、まじめにコツコツという生徒ばかりではなく、色々な個性を持った生徒がいる多様性のある学校です。学力と人間力のバランスが高いレベルでとれる人を輩出しようとさまざまな取り組みを行っています。そのために学習環境をしっかりと整えていますので、自己管理ができ、自ら伸びていこうという意欲のある生徒さんを待っています。医歯薬コースもできますから、そういう方面に興味がある生徒さんにもぜひチャレンジしていただければと思います。」（須田校長先生）

School Data

所在地	千葉県柏市旭町3-2-1
アクセス	JR常磐線・東武野田線「柏」徒歩8分
TEL	04-7143-4271
生徒数	男子557名、女子498名
URL	http://www.chiba-c.ed.jp/tohkatsu/

✣2学期制 ✣週５日制
✣１・２年生：月・木・金6時間、火・水7時間 3年生：6時間（2014年度からは週3日7時間授業もあり） ✣50分授業 ✣１学年８クラス（2014年度入学生） ✣１クラス約40名

2013年度（平成25年度）大学合格実績

大学名	合格者	大学名	合格者
国公立大学		私立大学	
北海道大	4	早大	111
東北大	3	慶應大	44
筑波大	24	上智大	43
千葉大	31	東京理科大	100
お茶の水女子大	2	青山学院大	23
東京大	2	中大	30
東京医科歯科大	2	法政大	32
東京外語大	5	明大	101
東京工大	5	立教大	90
東京農工大	1	学習院大	18
一橋大	13	国際基督教大(ICU)	1
横浜国立大	2	津田塾大	15
京都大	2	東京女子大	26
首都大東京	5	日本女子大	19
その他国公立大	34	その他私立大	228
国公立大合計	135	私立大合計	881

学校説明会・個別相談

① 校舎・施設見学　② 全体会

10月26日〔土〕 ①14:00 ②14:30
10月27日〔日〕 ①14:00 ②14:30
11月 2 日〔土〕 ①14:00 ②14:3
11月 9 日〔土〕 ① 9:30 ②10:00
11月16日〔土〕 ①14:00 ②14:30
11月23日〔祝・土〕 ① 9:30 ②10:0
11月30日〔土〕 ①14:00 ②14:30

※全体会終了後、希望制で個別相談を行います　※事前の予約は必要ありませ

特別進学類型

国公立・難関私立大学に現役合格することを目標にカリキュラムを組んだ類型です。将来の進路を明確に抱き、高い学習意欲を持った生徒に対応するべく、週4日7時間授業を実施。2年次からは進学大学の学科を想定し、文系・理系いずれかを選択。3年次に入ると志望校に向けた科目選択制となり、目標に的を絞った密度の高い学習内容で、大学合格を確実なものにします。その他、手厚い進学プログラムを用意し、3年間で万全な体制を築いていきます。

❙主な進学先❙　筑波・埼玉・首都大学東京
早稲田・上智・東京理科・学習院・明治など

大学進学率 84.5% 現役合格率 94.3%

選抜進学類型

難関私立大学への現役合格を主な目標にカリキュラムを組んだ類型です。週4日の7時間授業をはじめ、私立受験に照準を合わせ、授業や科目選択の自由度を設定しています。数学・英語は習熟度別の授業を行うことで理解を確実なものにします。2年次からは進学先を想定し、文系・理系別の授業を選択。大学や学部に求められる学力を構築。また、通常の授業に加えて、進学プログラムを活用することで難関校の突破を図ります。

❙主な進学先❙　青山学院・成城・明治学院
東邦・日本社会事業・日本・専修など

大学進学率 81.2% 現役合格率 91.3%

普通進学類型

生徒一人ひとりの進路先に対応できるよう、柔軟性を持っ
カリキュラムで構成される類型です。得意科目を伸ばすこ
と、苦手科目を確実に克服することに重点を置き、将来の進
路先が明確でない生徒でも、習熟度によって可能性を広
ながら進路先を確実なものにしていきます。2年次からは文
系・理系のクラスに分かれて高度な目標を設定。その他、希
望制による夏期・冬期の進学講座や、進学プログラムなど
よって、3年間の努力が確実に実を結びます。

❙主な進学先❙　東京理科・青山学院・法政
成城・成蹊・武蔵・獨協・國學院・日本など

大学進学希望者の大学進学率 90.9% 現役合格率 92.0%

TOSHIMA GAKUIN

学校法人 豊昭学園

豊島学院高等学校

併設/東京交通短期大学・昭和鉄道高等学校

特別進学類型　選抜進学類型　普通進学類型

〒170-0011 東京都豊島区池袋本町2-10-1 TEL.03-3988-5511(代表
最寄駅:池袋/JR・西武池袋線・丸ノ内線・有楽町線 徒歩15分 副都心線 C6出口 徒歩12
北池袋/東武東上線 徒歩7分　板橋区役所前/都営三田線 徒歩15分

http://www.hosho.ac.jp/toshima.htm

和田式教育的指導

入試まで「あと100日」得点力をアップさせる効率的な勉強方法とは

2学期が始まり、1カ月半がたちました。ついに入試まで「あと100日」という時期です。これからは、受験本番を視野に入れ、得点アップをめざした効率的な勉強が必要となってきます。残された「あと100日」を有効に過ごすためのポイントをお話しします。

合格最低点に何点足りないか

入試まで「あと100日」というこれからの時期に大切なことは、具体的に試験を見据え、得点力をアップさせる勉強方法を意識していくことです。そのためには、自分がいまの時点で志望校の合格最低点に何点足りないかを把握することと、これから勉強して一番点数があがりそうな教科や分野を知ることが必要です。

例えば、入試科目が5科目（英・数・国・理・社）で500点満点とします。合格最低点が380点だとしたときに、自分はあと何点足りないかを知ってほしいのです。私立では入試が3科目（英・数・国）の学校が多いでしょうから、3科目で考えましょう。

何点足りないかは、過去問にチャレンジしてみればすぐにわかります。結果をみると、英語と数学は点数が足りているけれども、国語ではとれなかった。あるいは、社会のような暗記が重要な科目で点数がとれなかったというようなこともわかりますから、自分の勉強の到達度も理解できるでしょう。

また、すでに合格点に達しているならば、いまの時点で安心しないように気を引き締めておくことが求められます。

Hideki Wada

和田秀樹

1960年大阪府生まれ。東京大学医学部卒、東京大学医学部附属病院精神神経科助手、アメリカのカールメニンガー精神医学校国際フェローを経て、現在は川崎幸病院精神科顧問、国際医療福祉大学大学院教授、緑鐵受験指導ゼミナール代表を務める。心理学を児童教育、受験教育に活用し、独自の理論と実践で知られる。著書には『和田式　勉強のやる気をつくる本』（学研教育出版）『中学生の正しい勉強法』（瀬谷出版）『難関校に合格する人の共通点』（共著、東京書籍）など多数。初監督作品の映画「受験のシンデレラ」がモナコ国際映画祭グランプリ受賞。

足りない点数を埋めるための課題作り

合格最低点に何点足りないかということがわかったら、その点数ぶんの得点アップをめざすために、具体的に課題を作って取り組みましょう。課題設定のポイントは、「実現可能な内容」であることです。

足りない点数を入試の教科数で割り、各科目で均等に点数をあげていければよいのですが、「あと100日」といった時期に、どの教科も満遍なく勉強するということはかなりの努力を要します。

中1や中2のときであれば、いつものように着実に勉強していれば点数はとれるようになるかもしれません。しかし、入試が迫ってきているこの時期には、最も効率的に得点アップに結びつく勉強内容はなにかを考えていかなければなりません。

例えば、「得意科目を完璧にして点数を稼いで、苦手科目は勉強しても得点があがりにくいのでそこそこにしよう」といった発想も出てきます。なにをやるべきかという課題は、個人個人によってかなり違ってきますので、「英語は単語や熟語をしっかり覚え直す、数学なら計算問題だけは落とさない」といった基礎をしっかりとやり直すという心がけが大切な場合もあります。

分析と復習で弱点をフォロー

苦手科目があった場合には、なぜ自分はできないのかという「できない理由」を分析することも大切です。理由を知ることで「あと100日」で対策が可能かどうかがわかるからです。

例えば、社会の歴史が弱いのは、単純に勉強していなかったことが理由であった場合、勉強が足りない部分に改めてきちんと取り組むことで容易に得点をアップすることができるかもしれません。また、数学ではミスが多いということが理由であれば、ミスをなくすようにチェックを念入りにするなど対策できます。

残り100日を使って、できないことへの修復に取りかかりましょう。

それには、「復習」が大事です。この時期は、前に進むことばかりを考えがちになりますが、振り返ることも重要なのです。

いままで解いてきた小テストや定期考査、塾で出された問題など、総合して点検をしてみてください。

同じ問題で間違ってはいませんか？　数学では、因数分解や方程式の基本的なことの理解は完璧ですか？　英語は、単語の書き方がしっかりできていましたか？　国語は、設問の意味を理解して解答していましたか？　自分の勉強でなにが足りないかを知り、その弱点をいかにフォローするかが重要なのです。

合格をめざし、得点力につながる勉強を心がけましょう。

開智高等学校

高入生だけの学びのフィールド

年々大学合格実績を伸ばしている開智高校。今春の大学合格者数の埼玉県におけるランクも、国公立大学第3位、早慶上理・MARCHともに第1位というすばらしいものでした。また、高入生の難関国立大学（旧帝大一工）の現役合格者数8名は埼玉私学第1位で、その中には、東北大と名古屋大の医学部医学科を含むという輝かしいものでした。

高等部（高入生）と一貫部（中入生）

開智高校の最も大きな特色は、中入生（一貫部）と高入生（高等部）が明確に分かれていることです。授業だけでなく、学校行事や生徒会・部活動、さらに放課後の受験対策講座や夏期講習などに至るまで別々に運営されています。高入生に最も効果的な学習プログラムを提供し、高入生に多くの活躍の場を与えることで、本校の教育目標である、「創造型・発信型のリーダー」が育てられると考えているからです。

また、高入生のために必要な改革や環境整備が迅速に行え、「学習指導要領」の改定に伴う時間割編成や、高入生のための「独習室（自習室）」の整備などが実現しました。

最難関国立大合格をめざす生徒に最適な「S類」と自らの意志で高校生活をデザインする「D類」

高入生は入学次に「S類」と「D類」に分かれ、卒業まで入れ替わることはありません。「S類」は、難関国公立大学に合格できる学力を養成するため、各教科の3年間の学習内容を精査し、何時、どのような学習を行うことがより効果的かを考えて学習計画を立てています。ですから教科によっては、2年次の単元を1年次に実施することもめずらしくありません。

S類は2年次から「Tコース」と「Sコース」に分かれます。Tコースは、東大や国立大医学部をめざす生徒で編成され、学力と本人の志望をもとに選抜されます。1年次は特待生を中心に「選抜クラス」を設け、2年次のTコースに備えますが、1年間の学習到達度や本人の志望をもとに、選抜クラス以外の生徒も含め、2年次以降Tコースが編成されるのが特徴です。

「D類」は、教科書や副教材などは原則「S類」と同じものを使用しますが、S類に比べてじっくり学習します。また、志望大学を私立大学にしぼった生徒のために、3年次に多くの「自由選択科目」を設け、科目を絞って学習できる時間割になっているのが特徴です。

入試説明会・個別相談日程

入試説明会（予約不要）		個別相談
10月26日（土）	13時30分〜	10時00分〜16時30分 ※予約制
11月 2日（土）	10時00分〜	
11月16日（土）	13時30分〜	
11月23日（祝）	10時00分〜	
	13時30分〜	
12月14日（土）	10時00分〜	

※入試説明会の所要時間は約90分です。詳細はＨＰをご参照ください。

最高水準の指導者のもとで「学び」を実践し、かつ、経済的負担が軽減される「特待生」

「S類」に優秀な成績で合格した生徒を「特待生」に認定します。特待のランクは大きく「S特待」・「A特待」・「準特待」の3段階で、S特待は「入学金＋52万8千円」、A特待は「入学金＋31万円」、準特待は「入学金」が給付されます。なお、併せて国の「就学支援金（月額9千9百円）」

平成25年 大学合格数

国公立大学（　）は現役		
大学名	合格者	高等部
東京大学	11(9)	1
京都大学	1(1)	1(1)
北海道大学	3(2)	1
東北大学	9(8)	5(4)
名古屋大学	3(3)	1(1)
筑波大学	14(13)	6(5)
千葉大学	6(5)	4(3)
お茶の水女子大学	4(4)	2(2)
電気通信大学	7(5)	3(2)
東京農工大学	6(5)	5(5)
横浜国立大学	15(14)	6(6)
埼玉大学	12(9)	10(7)
その他国公立大学	76(66)	30(24)
国公立大学合計	167(144)	75(60)

私立大学（　）は現役		
大学名	合格者	高等部
早稲田大学	132(113)	46(35)
慶応義塾大学	72(63)	21(15)
上智大学	45(39)	20(19)
東京理科大学	141(123)	39(33)
明治大学	155(134)	77(64)
立教大学	74(62)	40(31)
法政大学	76(62)	60(50)
中央大学	83(65)	62(47)
青山学院大学	38(32)	22(17)
学習院大学	35(30)	19(15)
計	851(723)	406(326)

国公立大・医学部医学科	19(17)	5(5)

※ 国公立大学には自治医大・防衛医大等を含む

を受けることができます。

「S特待」・「A特待」の生徒は2年次以降の継続には審査がありますが、入試で特に優秀な成績だった生徒は「T特待」に認定し、3年間S特待生として入学していただきます。「T特待生」は、1年次S類選抜クラス、2年次以降「Tコース」で学習します。特待合格は単願・併願どちらの受験生にも出しますが、特に単願受験生を優遇して判定いたします。

より有利な「単願」入試、公立受験生に優しい「併願」入試

入試は大きく「単願」と「併願」の2つに分かれます。「単願」は、合格したら入学していただくことが条件で合否の判定を行います。単願受験生は必ず第1回（1月22日）を受験してください。

「併願」は、入学手続き日を第一希望高校の合格発表後に設定しています。本校受験生の多くが、埼玉県の公立高校を受験しますので、その合格発表日である3月10日、翌11日を手続き日にしています。なお私立高校の中には、併願合格の場合、「延納金（入学手続金）」や「延納手続き」を必要とする学校がありますが、本校では併願合格者の「延納金」や「延納手続き」は一切不要です。第一志望校合格に向けて何の心配をすることなく、最善を尽くしてほしいと考えています。

入試は、第1回（1月22日）から第3回（1月24日）まで行われています。「単願」の受験生は、必ず第1回を受験してください。併願の受験生は受験日を選んでいただけますが、志望順位の高い方は第1回から受験してください。単願・併願とも複数回受験生に加点優遇しますので、入試で高得点をとってS類の合格や特待合格をめざす方は、複数回受験することをお勧めします。

入試の学力検査は国語・数学・英語の3教科で、すべて記述・選択併用方式で実施します。難易度は若干高いですが、公立高校と同じ記述・選択併用方式を採用していますので、併願受験生にとっても有効な受験勉強ができます。

単願・併願とも同一問題で、S類・D類のスライド判定を行います。単願の受験生は、初回のみ面接を行います。合否判定は入試得点と調査書の総合判定（単願は面接を含む）で行いますが、S類以上にD類の方が調査書（特に中学3年次）を重視した判定を行います。単願・併願では合格最低点に差を設け、単願の方がかなり合格し易くなっています。

開智高校は、自ら夢を切り拓く、意欲的な生徒を待っています

開智高校は、入学した生徒が3年間での伸び率がトップクラスの学校です。本校の教育目標や高入生に最適なシステムを十分理解し、「開智で3年間過ごしたい」との思いを強く持っていただいた方に入学していただきたいと思います。

開智高校のシステムは、「積極的に高校生活を送りたい」、「理想とする高校生像を持ち、その実現のために努力したい」と考えている生徒に最適な環境を提供しています。多くの受験生・入学生をお待ちしています。

KAICHI
開智高等学校
高等部（共学）
〒339-0004
さいたま市岩槻区徳力西186
TEL 048−794−4599（企画広報室）
http://www.kaichigakuen.ed.jp/
東武野田線東岩槻駅（大宮より15分）
より徒歩15分

※このページは41ページから読んでください。

「コヨーテがその白人の服を着て白人のようになれば馬がコヨーテをこわがらないと思ったから」（旺文社『全国高校入試問題正解』）

これでも間違いではない。だが、満点を得られただろうか。ちょっと物足りない解答例だ。

問いは「白人が自分の衣服を脱いでコヨーテに渡したのはなぜか」というものだね。「馬が白人の服を着たコヨーテをこわがらないだろう」というコヨーテの推測を白人がその通りだと思ったのは確かだ。

そして、白人は衣服を脱いで渡した。それは、コヨーテに早く馬でだまし薬を取りに行かせるためだ。なぜ、取りに行かせたかったのだろうか。

白人は「だまし薬なんてインチキだ。それを使ってコヨーテがオレをだませなかったら、おれの取り引き上手が証明される」と考えたのかもしれない。

あるいは、「だまし薬がもし本物だったら、それは大したものだ。うまくコヨーテから薬を手に入れて、もっともっと金もうけをしよう」と欲を深くしたのかもしれない。

つまり、だまし薬が効いても効かなくても、本物でもにせものでも、どちらでも白人に損はないどころか、得になりそうだ。だから、コヨーテに早く薬を取りに行かせるのが得策だ。

問（2）の解答には、この「早く薬を取りに行かせる」ということをしっかりと書きたいものだ。

解答　（2）白人の衣服を着れば馬がこわがらないというコヨーテの言葉をうのみにして、早く薬を取りに行かせようとするため。

最後に問（3）だ。これは良問だなぁと嬉しくなった。ただ外国語を自国語に置き換えるだけではない。文章そのものを読ませようという問いだ。

白人から衣服を渡されて、コヨーテ神はそれを着ただろう。そして、白人の馬に乗ってその場を離れ、姿を消しただろう。

では、コヨーテ神はだまし薬を持って戻ってきただろうか。「うん、戻ってきたに決まってるよ」と思う人は正直者だ。

もちろん、戻ってくるわけがないよね。そう、コヨーテ神は白人をこらしめたのだ。先住民をだまして、それを自慢に思っているような白人をまんまと出し抜いて、自分の愚かさを思い知らせたのだ。

コヨーテ神は、白人の馬を奪い、衣服を奪って、二度と現れなかっただろう。

そして、コヨーテ神を待ち続ける白人を、おそらく先住民たちはあざけってげらげらと笑ったに違いない。

それだけでは終わらなかったかも知れない。このあとのストーリーの展開を想像すると、こういう空想も可能だ。馬と衣服をだまし取られたと気がついて、白人はおのれの愚かさを反省するどころか、逆に怒り狂ったかもしれない。

その激怒と後悔のあまり、なんとかコヨーテ神に復讐しようとして、先住民たちに「コヨーテ神の居所を教えろ」と頼んだかもしれない。

すると、先住民たちはコヨーテ神の入れ知恵で、「さっき交換した毛皮を返してくれたら、コヨーテ神のねぐらを教えてやろう」と答える。

それで、つい怒りで我を忘れている白人は、毛皮を渡してしまう。先住民たちは居所を教えてくれた。

だが、白人がそこへ押しかけて行っても、コヨーテ神はいない。

引き返した白人が、先住民たちに文句をいくら言っても、「いやぁ、昨日までいたのだけど、白人が馬などを取り返しにくると考えて、別の所へ姿をくらましたのだろう。もう私たちにもわからない」とかなんとか言う。

結局は、白人はせっかくもうけた毛皮まで失って丸損することになる――というようなことを想像するのはとても楽しい。試験問題もときにはこういう楽しみがあるといいね。

解答　（3）コヨーテは戻ってこず、白人は馬も衣服も失って、ようやくだまされたことに気づかされることになる。

編集部より

正尾佐先生へのご要望、ご質問はこちらまで！
FAX：03-5939-6014　e-mail：success15@g-ap.com
※高校受験指南書質問コーナー宛と明記してください。

高校受験指南書 ―英語―

白人は自分の商売のうまさを自慢した。すると、おまえ以上の者がいる、コヨーテ神だ、と言われた。白人は自信満々だったのだろうね。実際に試してみようと言う。

（注）に「Coyote　コヨーテ」とある。出題者はコヨーテというただの動物としているようだ。coyote はイヌ科イヌ属の動物で、オオカミに似ている。オオカミよりは小型だが、人間や家畜を襲うこともある。

ところが、この問題文では Coyote と C が大文字で書かれている。ただの動物なら大文字で記す必要はない。では、人名だろうか。

そうかもしれないが、「Coyote　コヨーテ」という（注）からいうと、出題者は人名でなく動物だとみなしていることになる。

Coyote と頭文字 C を大文字で記すのは固有名詞で、「コヨーテ神」を意味するのが普通だ。アメリカ先住民の間では、コヨーテは神としてあがめられることが多かった。

神といっても、よいこともする一方で、しょっちゅういたずらもする。なかなかおもしろい神さまだ（神話学や文化人類学という学問では、こういう神様をトリックスターというんだ）。

この問題文では、Coyote を先住民の男の名前だと解釈できないこともないが、やはり先住民をだまして得意になっているずるい白人を、コヨーテ神がこらしめる話とするほうがおもしろいね。

では、どうこらしめたのか、先を読み進めよう。

The white man went over to Coyote and said,
＝白人はコヨーテ神に近づいて言った、
(go over to ～＝～に近づく)
"They tell me you think you can cheat me."
＝「オレをだませるとお前が思っている、と連中が言う」
"I can," said Coyote,
＝「ぼく、できるよ」とコヨーテ神は言った、
"but first I must get my *cheating medicine,
＝「けれどもその前にぼくのだまし薬を取りに行く必要があるんだ、
and my home is far away.
＝それでぼくの家は遠くにある。
Lend me your horse."
＝君の馬をぼくに貸してよ」
"Cheating medicine?"
＝「だまし薬だと？」
said the white man.
＝と白人は言った。
"It's funny!
＝「それはお笑いだ！」
(funny ＝こっけいだ、おかしい)
All right, go and get your cheating medicine."
＝いいとも、お前のだまし薬を取りに行け」
Coyote tried to get on the horse,
＝コヨーテ神は馬に乗ろうとした、
but it was afraid.
＝けれども馬はコヨーテ神をこわがって乗せようとしなかった。
"Your horse is afraid of me," he said.
＝「君の馬はぼくをこわがっている」神は言った。
"Lend me your clothes,
＝「君の服をぼくに貸してよ、
so he will think I am you."
＝そうすりゃ馬はぼくを君だと思うだろう」
“Fine,”
＝「けっこうだ」
said the white man.
＝と白人は言った。
He took off his clothes and gave them to Coyote.
＝彼は自分の衣服を脱いでコヨーテ神に渡した。
(take off ＝脱ぐ)
"Now come back with your cheating medicine,
＝ではお前のだまし薬を持って戻って来い、
and you'll know how to cheat somebody."
＝それでだれかをどうだますかわかるんだろう」

さあ、問（2）が待っている。「He took off his clothes and gave them to Coyote.」の理由を答える問題だ。

これも問題文を読み取れるならば、正しい解答を書けるだろう。

「"Your horse is afraid of me," he said. "Lend me your clothes, so he will think I am you."」という箇所に基づいて、次のように答える人もいるだろう。

※このページは41ページから読んでください。

who set up a *trading post near a *Native American reservation
＝（彼は）アメリカ先住民居留地の近くに交易所を設けた（set up ＝商売を始める、開業する）
and *cheated all the Native Americans.
＝そしてアメリカ先住民みんなをだました。

北アメリカ大陸には、いまわかっている限りでは、紀元前1000年ごろには人間が住んでいて、その文化はアデナ文化と呼ばれている。

そういう先住民の長い歴史に、16世紀以降入り込んできたのが、スペイン人をはじめとする、フランス人やイギリス人などのヨーロッパ人（＝白い人）だった。

彼らは続々とやってきて、もともと大陸に住んでいた先住民たちと交流したり戦闘したりして、結局は大陸のほとんどの部分が白い人＝白人のものになった。

そのときに起きたさまざまなことから、「白人のずるがしこさと暴力に先住民は敗れた」という見方が広がった。この問題文は、そのずるい白人を皮肉った話だ。

He was very *proud of being able to cheat anyone.
＝彼はだれでもだますことができるのを自慢に思っていた
One day, after changing expensive *furs from some Native Americans for a few *glass beads,
＝ある日、ガラス玉何個かと交換して高価な毛皮をアメリカ先住民たちから（受け取って）、
(changing A from B for C ＝ Cと交換してBからAをもらうこと）
he was happy.
＝彼は嬉しかった。

ここに問（1）がある。なぜ「he was happy」なのか、という問いだ。彼がハッピーなのは、「changing expensive furs from some Native Americans for a few glass beads」というのが理由だね。

それで、つい「アメリカ先住民から高価な毛皮を数個のガラス玉と交換で手に入れたから」というような答えを書きたくなる。

ま、これでも悪くはない。十分に合格できる解答だ。だがもっと高いレベルの答案にしたい。

glass beadはビー玉だ。ビー玉って知っているよね。子どもの遊びや飾りなどに使うもので、初めて見た人には美しく映る。ヨーロッパではありふれた品物であっても、ガラス技術を持たない人には珍しい貴重品に感じただろう。

この白人は、人をだますことが自慢なのだ。安物のガラス玉と交換で毛皮（多分バッファローなどの皮革）を手に入れたことも、「うまく先住民の連中をだませた、もうかったぞ！」と喜んだのだろう。

だから、「ガラス玉と高価な毛皮を交換したから」というような解答ではまだちょっとばかり不十分なわけで、「うまくだませた」という記述を加えると、白人の心の内にまで目を届かせた解答になるんだよ。

解答　(1) 先住民をだまして、ガラス玉数個で高価な毛皮を得たから。

"There is one who can cheat even you,"
＝「（そういう）おまえでさえもだますことのできる者がいるぞ」
said one of the Native Americans.
＝とアメリカ先住民の1人が言った。
“I've never *gotten the worst of a trade in my life,"
said the white man.
＝「オレは生まれてから一度も取り引きで負けたことはないんだ」と白人が言った。
"No one can cheat me."
＝だれもオレをだませないさ。」
"*Coyote can," said the Native American.
＝「コヨーテ神はできる」とアメリカ先住民が言った。
"He can, can he?
＝「やつができる、できるって？」
Well, we'll see about that.
＝じゃあ、オレたちはそれを確かめようぜ。
(see about ～＝～を調べる）
Where is this Coyote?"
＝そのコヨーテ神ってのはどこにいるんだ？」
"That is him over there, by your horse."
＝「そこにいるのがコヨーテ神だ、おまえの馬のそばにさ」

教育評論家 正尾佐の

高校受験指南書

【八拾参の巻】
今年出た
おもしろい問題3

英語

Tasuku Masao

「今年出たおもしろい問題」の最後は英語だ。2020年の五輪大会が東京に決定したので、オリンピック精神についての文章を用いた東京工業大学附属科学技術高校の問題を取りあげるつもりだった。

だが、残念ながら少しばかり問題文と設問が長い。で、お茶の水女子大学附属の問題にすることにした。以下のような、なかなかおもしろい問題なので、ぜひとも本気になって解いてほしい。

では、まず全文をかかげよう。

下の英文を読んで，次の問いに日本語で答えなさい。

(1) 下線部（1）について，それはなぜですか。その理由を説明しなさい。

(2) 下線部（2）について，それはなぜですか。その理由を説明しなさい。

(3) この後，この話はどうなったでしょうか。

There was a white man who set up a *trading post near a *Native American reservation and *cheated all the Native Americans. He was very *proud of being able to cheat anyone. One day, after changing expensive *furs from some Native Americans for a few *glass beads, (1)<u>he was happy.</u>

"There is one who can cheat even you," said one of the Native Americans.

"I've never *gotten the worst of a trade in my life," said the white man. "No one can cheat me."

"*Coyote can," said the Native American.

"He can, can he? Well, we'll see about that. Where is this Coyote?"

"That is him over there, by your horse."

The white man went over to Coyote and said, "They tell me you think you can cheat me."

"I can," said Coyote, "but first I must get my *cheating medicine, and my home is far away. Lend me your horse."

"Cheating medicine?" said the white man. "It's funny! All right, go and get your cheating medicine."

Coyote tried to get on the horse, but it was afraid.

"Your horse is afraid of me," he said.

"Lend me your clothes, so he will think I am you."

"Fine," said the white man. (2)<u>He took off his clothes and gave them to Coyote.</u> "Now come back with your cheating medicine, and you'll know how to cheat somebody."

（注）trading post　（かつて米国にあった先住民との取り引きのための）交易所
Native American reservation　アメリカ先住民の居留地
cheat　だます　proud　自慢に思って
fur　毛皮　glass bead　ガラス玉
get the worst of a trade　取り引きに負ける
Coyote　コヨーテ　cheating medicine　だまし薬

どうだろうか。問題文をさーっと読んで笑える人なら、英語の力は十二分にある。問題文の半分くらいしかわからないけど、なにやらおもしろそうだと思った人も、なかなかのもんだよ。

さて、問題文を読み始めよう。

There was a white man
＝ある白人がいた

書店とCDショップはぼくの憩いの場になっている。

新しい書物の紙とインクのにおいは、ぼくをリフレッシュしてくれるし、若干強めの冷房や弱めの暖房による肌寒さもぼくにとってはちょうどいい。平積みにされている人気の書物やCD・DVDを、または店員さんがおすすめして書いたポップなどを眺めながら、時勢がどのように動いているのか、なにがはやっているのかを知ることができるのもまた楽しいからだ。

そのなかで、とくに気になるものは実際に手に取ってみる。どんなアーティストや作家が、どんな世代に人気なのかを知っているのかいないのかでは、人と会話をしたときの盛りあがりに大きな差が出てしまうから。

「●●って小説があってね。」

「△△って作家が好きです。」

「××ってグループのファンなんです。」

なんて言われたときに、

「ああ、●●ですか。△△さんの作品ですよね。」

「△△さんですか、■■って作品を読んだことあります。」

「××だったら、★★って曲がいいですよね。ぼくは▼▼さんがメンバーのなかでは一番好きです。」

と返せるだけで一気に連帯感が高まるものだ。

書物やCD・DVDそのものを楽しむこともとても大切だけど、このコミュニケーション力の向上という意味においても、書店とCDショップを訪れることには大きな価値があるとぼくは思っている。その結果、いつのまにか訪れるではなくて「通う」という状態になってしまっている。

ぼくには以前、あるCDショップで衝撃的な出来事があった。不思議なおじいさんと出会い、おじいさんのすすめるまま、ぼくはキース・ジャレットの『ケルン・コンサート』というCDを買ったのだ。

それ以来、キースはぼくにとって、スペシャルな存在になったし、ぼくの人生の糧になっていることは間違いない。すべて、あのおじいさんのおかげだ。

その後もあのCDショップを訪れると、何度かぼくはあのおじいさんを見かけることがあった。

おじいさんと特別に親しくなるということはなかったけれど、ぼくが店に足を運ぶたびにすれ違ったり、見かけたりすることがあったので、お互いに会釈をする程度の関係にはなっていた。ちょっとした会話をしたことも何度かあった。話をすると音楽が本当に好きだということがわかった。「今日はなにを探しているんですか」というようなことをぼくが聞くと、何分間も自分の好きなアーティストについて語っていたことを覚えている。

宇津城センセの受験よもやま話

ある少年の手記⑧

宇津城 靖人先生
早稲田アカデミー　特化ブロック　ブロック長
兼 ExiV西日暮里校校長

サーフボードのキーホルダーを彼女に返してから、初めてCDショップに行ったときのことだ。本当になんの気なしに、ショップ内を歩き回っていた。いま人気の男性アイドルグループのCDを見たり、試聴してみたり、DVDコーナーで紹介映像を眺めたりと、いつも通り楽しんでいた。あのおじいさんはいないようだった。クラシックのコーナーにも、ジャズのコーナーにも、イージーリスニングのコーナーにもどこにも見つからなかった。

「ああ、今日はいないんだな。」

そんなふうにしか、そのときのぼくは思わなかった。

店を2回りくらいして、気になる女性シンガーのCDを、ベスト盤が出るまで我慢することに決めたとき、店員さんたちが話している声が聞こえた。

「あのじいさん、入院したんだって。」

「あのじいさんってだれだ?」

「ほら、いつもCDのジャケットをものすごくチェックしてた、変なじいさんがいただろ?」

「ああ、畑中さんのこと?」

「畑中さんっていうのか、あのじいさん。」

「お前、知らなかったの? すごく有名な人だよ。音楽に造詣が深い。ウチの店長とも仲がよくてさ。」

「へー、そんな有名な人なんだ。まあ、普通じゃなかったもんな。」

「あの人、もともとレコード関係の仕事をしていた人らしくて。業界ではとくに有名な人だったそうだよ。そのころから店長とは知り合いらしい。」

「ふーん。」

「入院したって?」

「うん。たまたま店長が電話で話しているのを聞いたんだけどさ。なんだかあのじいさんを取材している記者がいて、その人がじいさんから伝言を頼まれたらしくて。」

「どんな?」

「ああ、××病院に入院したから、注文してたCDが届いたら、そっちに送ってほしいってことらしい。」

「××病院だって!?」

「なんだよ、どしたんだよ? そんなでかい声だして。」

「お前、××病院ってどんな場所か知らないのか?」

「いや、知らないよ。聞いたことがないし。」

「そっか。じゃあいいや。そっか…。」

「なんだよ、気になるだろ。教えろよ。」

そこまで聞いて、ぼくはいたたまれなくなってしまった。いつのまにかぼくは店員さんたちのそばにまで近づいてきていた。勇気を振り絞るなら、いまだ。ぼくの人生に糧を与えてくれた人への感謝を示すには、いま行動するしかない。

ぼくは1歩踏み出して、店員さんたちに声をかけた。

「あの、いまの話…。」

「いらっしゃいませ。いかがいたしましたか?」

店員さんたちは2人で声をそろえて、応えてくれた。

「あの、いま話していたおじいさんのことなんですけど…。」

「は、ああ、申し訳ありません。仕事中に雑談など。お騒がせしました。」

ベテランそうな方の店員が、頭を下げながらそう言った。

「いえ、あの、そういうことではなくて、ぼくがとてもお世話になったおじいさんだったから。」

「ああ。あなたみたいに常連のお客様なら、お話しされたこともあるかもしれないですね。畑中さんも常連の方でしたから。」

「あの、入院したって、本当ですか?」

「ええ、なんだかこちらの者が、そんな話を聞いたということらしいのですが。」

「××病院って、おっしゃってましたけど、どんな病院なんですか?」

「それは…。」

店員さんは言いよどんでいる。なにか言いづらいことがあるのだろうか。

「教えてください。どうかお願いします。」

「…ホスピス病棟です。」

「え?」

「××病院は、ホスピス病棟がおもとなっているんです。」

ぼくにはホスピス病棟がなんなのかわからなかった。

「そうだったんだ…。じいさん、かわいそうにな…。」

「そうなんだよ。残念だよ。」

店員さんたちは肩を落としているが、ぼくにはなんのことかわからない。

「あの、ホスピスってなんですか? ぼく、わからなくて…。」

「それは…、たぶんご自分で調べた方がよいと思います。私たちがお話しするべきことではないと思うので。」

店員さんは力なさげに答えた。2人とも完全に落ち込んでしまっている。よくはわからないけれど、ぼくは無知でホスピスがなにかは知らないけれど、おじいさんにとってよくないことなのであろうということだけはわかった。

「…わかりました。あとは自分で調べます。××病院ですよね?」

「…ええ。××病院です。」

「わかりました。ありがとうございます。」

そう言って、ぼくはCDショップを出た。あとはネットで情報を収集して、病院の場所とホスピスがなんなのかを調べればいい。おじいさんの苗字は「畑中」さんだ。これだけ情報がそろえば十分だろう。

ぼくはキースの力をかりて彼女にキーホルダーを渡すことができたのに、おじいさんの身体はたぶんよくない方向に向かっている。店員さんの態度からわかる。ぼくはおじいさんにキースの旋律が生み出した奇跡を、ぼくの人生に変化を起こした奇跡を、伝えなければならない。できれば、おじいさんにも奇跡を。キースの奇跡を。そんな使命感がぼくを突き動かしていた。

グレーゾーンに照準！
今月のオトナの言い回し「言わずもがな」

「言うまでもない」という意味の表現です。皆さんにとっては「もがな」という言い回しになじみがありませんよね。これは「願望」の気持ちを表す文語表現になります。「…てほしいなあ」「…ならいいがなあ」という意味です。古典に登場しますからね。「言わずもがな」以外にも「あらずもがな」や「なくもがな」などの例がありますよ。ですから、本来は「言わないでほしいなあ」という意味になるのですが、現代では「言わなくてもいい」という意味で使われています。

用法としては二通りあります。一つ目はこんな例で。「子どもは言わずもがな、大人まで騒ぎ出した」。大人が騒ぎ出す状況なんだから、当然子どもは騒いでいる、という意味の「言うまでもなく」ですね。二つ目はこんな例で。「それは言わずもがなの提案だ」。いまさらそんな提案をするなんて、という否定の意味をこめた、「言わなくてもいい」ですよね。

辞書的にはこの二通りの意味になるのですが、それでは面白く？　ありませんよね。このコーナーの趣旨にしたがって、あくまでもオトナの言い回しとして「言わずもがな」を使う場合には、一体どのようなニュアンスが込められるというのか、皆さんと考えてみたいと思います。「言わずもがなではありますが…」と、前置きをした上で発言を続けるオトナの世界を、一緒に垣間見てみましょう！

「言わずもがなではありますが…」と、自ら「言わなくてもいい」と表明しているにもかかわらず、「…」以下のことがらを付け加えようとするのは、一体なぜなのか？　慣用的な表現だから、と聞き流してしまわずに、あえて立ち止まって考えてみて下さい。この「こだわって考えてみる」という態度こそ、「現国の習慣」として不可欠の要件なのです。本当に「言わなくていいもの」ならば、わざわざ付け加えることもないはずです。だとするならば、「何かあるのでは？」と疑ってかからなくてはなりません。そうなのです。ここに「せめぎあい」がひそんでいる、と感知できてこそ、オトナなのです。端的に言えば、言葉の話し手と聞き手との間の「力関係」を、ここに読み取らなくてはならないのです。

先ずは「相手に対する牽制」として、「言わずもがな」という表現を使うケースがあるということを理解して下さい。相手

国語　東大入試突破への現国の習慣

総合的な判断には、立場を入れ替えて考えてみることです。

田中《たなか》 利周《としかね》先生
早稲田アカデミー教務企画顧問

東京大学文学部卒。東京大学大学院人文科学研究科修士課程修了。文教委員会委員。現国や日本史などの受験参考書の著作も多数。早稲田アカデミー「東大100名合格プロジェクト」メンバー。

に対して「周知のことではありますが、よもや了解していないなんてことはないでしょうね」などと露骨な表現を口にすることなく、むしろ相手が当然承知しているという前提に立った上で、「余計な確認作業だとは思いますが、念のため」というニュアンスで、了解を迫る場合です。お分かりですか、このプレッシャー（笑）。「せめぎあい」「力関係」という言葉を使って、皆さんに伝えようとしていることの意味合いを理解して下さい。ここでのポイントは、話し手は決して「言わなくていいもの」だとは思っていない、という点です。むしろ「ぜひ言わなくてはならない！」という意気込みを感じ取らなくてはなりません。同様の用法に「余談ではありますが…」という表現があります。これも、「余計なハナシなどではない！　この点こそ伝えておきたいことなのだ」という場合がありますので、注意を払わなくてはなりません。

次に、話し手が「謙遜を装って、さりげなく独自の視点をアピールする」というケースを考えてみましょう。さも自慢げに「これが私のオリジナルな視点です」と誇示するのではなく、「言わなくてもいいことかもしれませんが…」と、オマケのように付け加えて「例えばこんな考え方もあるのではないでしょうか？」と提示してみせるという手法。その実、それは、「世間一般の人々が見落としがちな盲点ともいえる問題の所在を、この私が明らかにしてみせましょう！」という大胆不敵な発言でもありうるということを、ぜひ考えに入れておいて下さい。

このコーナー「オトナの言い回し」のテーマである「グレーゾーンに照準を合わせる」ということは、あらゆる可能性を考慮するということです。そのためには考え抜かなくてはなりません。たった一言に対しても、総合的な判断を要求されるのがオトナの世界なのですよ。

慇・懃・無・礼?!

今月のオトナの四字熟語「不承不承」

「ふしょうぶしょう」と読みます。「いやいやながら。しぶしぶ」という意味を表す四字熟語ですね。国語の読解問題を前にした時の皆さんの態度？　というと失礼でしょうか。いやいや、当たらずといえども遠からず、というところではないでしょうか。私にも覚えがありますから。国語の読解を得意だと思えるようになったのは、高校生になってからですからね、私は。中学生の頃は…不承不承でしたね（笑）。では一体、国語の読解問題の何が「いやいやながら」と思わせるのでしょうか？

先ずは問題文について。こちらが読みたいと思って選んだものでもない、誰が書いたのかも分からない文章を「次の文章を読んで」と強制されるということ。この点が「しぶしぶ」という点に数えられますよね。次に設問についてはどうでしょう。「傍線部について…」という指示が与えられます。「こんなところに誰が勝手に線を引いたのだろう？」という疑問よりも、単に「邪魔だよ！」という意識が先に立つのではないでしょうか。多くの受験者によって一定の条件のもとに実施されるテストとは、得点の多少によって「正規分布」を作り出そうとする意図のもとに作り上げられています。そこに介在するのは「作問者」という他人です。しかも「受験者を選別する」という悪意？　の持ち主でもあります。テストという読解の現場においては、設定の最初から決して自分の好きなようにすることはできないのだ、という点がそもそも「不承不承」という意識を引き起こす原因として挙げられそうです。たがをはめられているという不自由さに起因するものですね。しかしながら「こんな文章読みたくない」「こんなところに傍線引かれても興味ない」と言ってみたところで、それでは得点分布の中央（＝偏差値50）から左側に自ら歩み寄っていくことにしかなりません。

本当に労の多い、手間のかかる作業につきあわされるのが国語の読解問題だということが言えますね。だから避けて通りたくもなるのでしょう。本来、疲労を避けようとする傾向の強い脳の特性からするならば、国語の読解問題は「とにかく早く終わらせよう！」と懸命に努力？　することに力が注がれてしまいます。ややもすると、熟慮を避けようとして無意識のうちに思考回路をフリーズさせてしまい、ただ文章を目で追うだけ…、問い一からとにかく順番に解き進めていくだけ…。これが国語の読解問題に対して「しぶしぶ」と感じる皆さんの一般的な対応ではないでしょうか。

この点を改めるためにはどうすればよいのでしょうか？　ここでのアドバイスは心構えに過ぎませんが、きわめて重要なポイントをお伝えしておきましょう。他者を受け入れる余裕を持つことです。それは他人の声に耳を傾けるということでもあります。出題文の筆者の声しかり、設問の作問者の声しかり。このコーナーで「オトナになろう」と繰り返し述べていることの真意は、このことに尽きるといってもいいでしょう。「他人のことはどうでもいい」と思っていては、国語ができるようには決してならないのです。「読解問題を作成するのも大変な作業ですよね。ご苦労様です」と、作問者に労《ねぎら》いの言葉が出ればしめたものです！

<考え方>

AとDを結ぶと、相似な三角形が現れます。

<解き方>

△CADと△CBAで

接弦定理(*) より、∠CAD＝∠CBA　……①

また、∠Cは共通

２組の角がそれぞれ等しいから、△CAD∽△CBA

BCの長さをxとすると、CA：CB＝CD：CAから、

$10:x=6:10$

これより、$6x=100$だから、$x=\frac{50}{3}$

また、△CAEで、∠AED＝∠BAE＋∠ABEだから、①と仮定より∠CEA＝∠CAEだから、△CAEは二等辺三角形

よって、CE＝CA＝10

ゆえに、BE＝$\frac{50}{3}-10=\boldsymbol{\frac{20}{3}}$

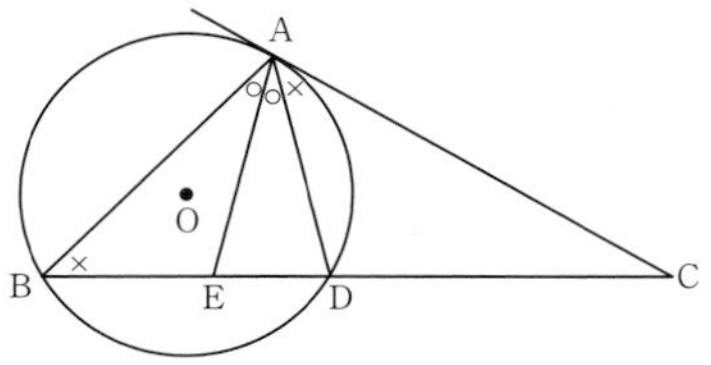

＊接弦定理　円の接線と弦の作る角には、次のような性質があります。

円の接線とその接点を通る弦の作る角は、その角の内部にある孤に対する円周角に等しい。

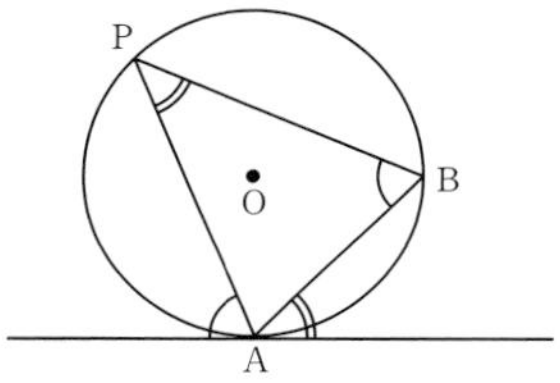

　最後は、相似の比例式や三平方の定理を活用して、線分の長さを求める問題です。

問題3

　図の四角形ABCDは、対角線AC＝6、BD＝8のひし形です。半径Rの円O、O´と、半径rの円P、P´は図のように互いに接し、ひし形ABCDの各辺にも接しています。このとき、次の問いに答えなさい。

（中央大学杉並）

(1)　円O、O´の半径Rの値を求めなさい。

(2)　円P、P´の半径rの値を求めなさい。

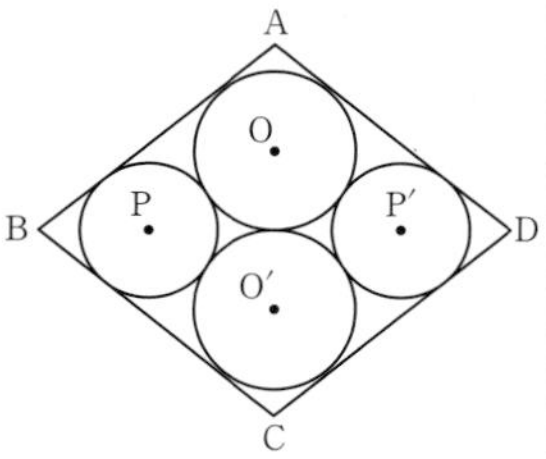

<考え方>

(1)　円Oは△ABDの内接円となっています。

(2)　外接する２つの円の中心を結ぶ線（中心線）は、２つの円の接点を通ります。

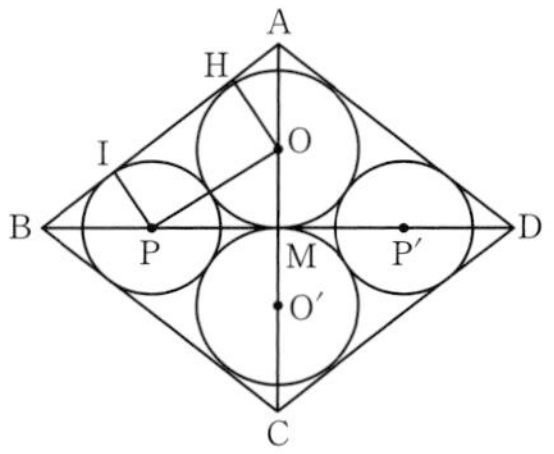

<解き方>

(1)　ひし形ABCDの対角線の交点をMとすると、ひし形ABCDは対角線ACおよびBDについて対称だから、円Oは点MでBDに接し、中心はAM上にある。

∠AMB＝90°より、△ABMにおいて三平方の定理より、

AB＝$\sqrt{3^2+4^2}=5$

点OからABに引いた垂線をOHとすると、△ABM∽△AOHで、3辺の比は3：4：5だから、

AO＝$\frac{5}{4}$OH＝$\frac{5}{4}R$

よって、AM＝AO＋OM＝$\frac{5}{4}R+R=3$

これより、$R=\boldsymbol{\frac{4}{3}}$

(2)　対称性より、中心Pは対角線BD上にあるので、点PからABに引いた垂線をPIとすると、△ABM∽△PBIより、3辺の比は3：4：5だから、

BP＝$\frac{5}{3}$PI＝$\frac{5}{3}r$

よって、PM＝$4-\frac{5}{3}r$

△OPMにおいて三平方の定理より、$PM^2+OM^2=OP^2$だから、

$(4-\frac{5}{3}r)^2+(\frac{4}{3})^2=(\frac{4}{3}+r)^2$

これを整理して、$r^2-9r+9=0$

これを解いて、$r=\frac{9\pm3\sqrt{5}}{2}$

$0<r<4$より、$r=\boldsymbol{\frac{9-3\sqrt{5}}{2}}$

　円の問題は、どこに着眼して問題を解き始めるかが見えにくいことが特徴です。また、問題2、3のように、なにもないところに適切な図（おもに直角三角形）を書き加え、図形の定理を活用する問題も少なくありません。これを克服するには、基本（円周角の定理など、数はそう多くありません）をしっかり確認したうえで、より多くの問題にあたって経験を積んでいくことが大切です。似たパターンの問題が多いことに気がつくようになれば、自然と解き方のコツが身についているはずです。

今月は、円の性質とその応用を学習します。

はじめに、円周角の定理を用いて等しい角を見つけていく問題です。

問題1

右の図のように、円周上にそれぞれ線分で結ばれた4点A、B、C、Dがあり、ACとBDの交点をEとする。

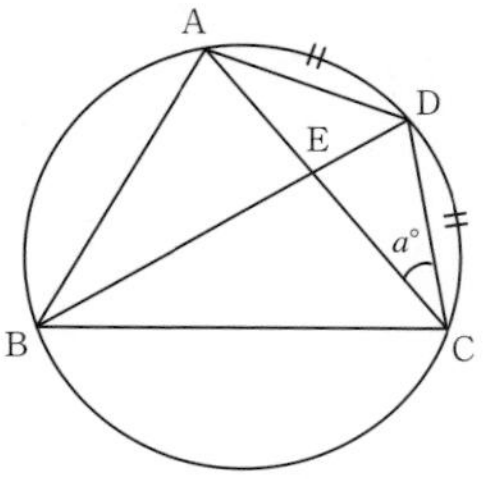

$\overset{\frown}{AD}=\overset{\frown}{CD}$のとき、次の（1）、（2）の問いに答えなさい。　（栃木県）

（1）　$\angle ACD=a°$とするとき、$\angle ABC$の大きさをaを用いて表しなさい。

（2）　BE＝12cm、ED＝3cmのとき、CDの長さを求めなさい。

＜考え方＞

（2）　三角形の相似を利用して比例式を作ります。

＜解き方＞

（1）　$\overset{\frown}{AD}=\overset{\frown}{CD}$より$\angle ACD=\angle CAD$

$\overset{\frown}{AD}$に対する円周角より、$\angle ACD=\angle ABD$

$\overset{\frown}{CD}$に対する円周角より、$\angle CAD=\angle CBD$

これらより、$\angle ABC=\angle ABD+\angle CBD=2\angle ACD$
$=2a°$

（2）　△DECと△DCBで（1）より、$\angle DCE=\angle DBC$

共通な角だから、$\angle CDE=\angle BDC$

2組の角がそれぞれ等しいから、$\triangle DEC\backsim\triangle DCB$

CDの長さをxとすると、DE：DC＝DC：DBから、

$3:x=x:15$

これより、$x^2=45$

よって、$x>0$より、$\boldsymbol{x=3\sqrt{5}}$**（cm）**

続いて、円の接線に関する問題です。

問題2

図のように、点Cから円Oに接線を引き、その接点をAとする。また、円周上の点Bから点Cに引いた直線と円Oとの交点をDとする。∠BADの二等分線が線分BDと交わる点をEとするとき、BEの長さを求めよ。ただし、AC＝10、CD＝6とする。　（慶應義塾志木）

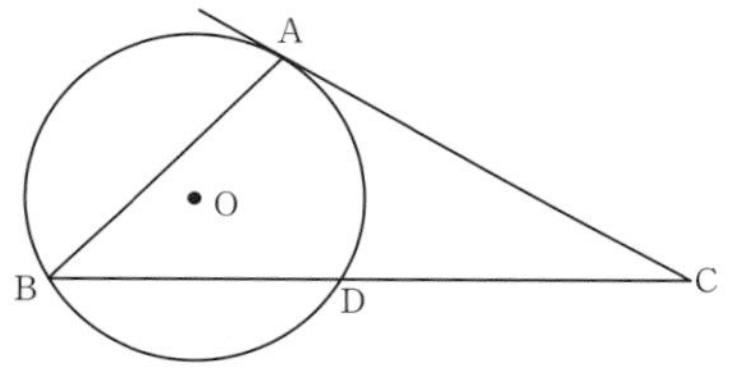

数学

楽しみmath 数学! DX

図形の定理を活用する円の問題を攻略

登木 隆司先生

早稲田アカデミー　城北ブロック ブロック長
兼 池袋校校長

明日の自分が、今日より成長するために…

2名のネイティブ専任教員から
世界で通用する英語を学び
世界レベルでの自己実現を目指す

多摩大学目黒の英語教育の大きな目標の一つは
世界中で必要とされる日本人を育てることです。
英会話を指導する2名のネイティブ専任教員は
それぞれイギリス出身とアメリカ出身。
微妙に異なる表現やアクセントも経験することで
世界中に通用する英語を習得します。
さらにニュージーランド短期留学やアメリカ語学研修を通して、世界規模で物事を考えることのできる
広い視野と世界を相手にしっかり「交渉」できる
コミュニケーション力を磨きます。
これらの経験と能力は 10 年後、20 年後に
社会人として国内でも海外でも常に必要とされる
人物であり続けるための確固たる土台となります。

写真上：フィリップ・チャンドラー教諭（イギリス出身）
写真下：トーマス・カンパーニャ教諭（アメリカ出身）

●高校受験生・保護者対象学校説明会 予約不要

10/26（土）　11/ 9（土）　12/ 7（土）　14:30～

※お車でのご来校はご遠慮ください。

●高校サッカー部練習大会 要予約

11/ 3（祝）　15:00～

会場：本校あざみ野セミナーハウス
※詳細はお問い合わせください。

●2014年度生徒募集要項

	推薦入試	一般入試
募集人員	普通科　男女 30 名	普通科　男女 120 名（併願優遇受験生を含む）
出願期間	1月15日（水）～1月16日（木）9:00～15:00	1月25日（土）～2月5日（水）9:00～15:00
試験日時	1月22日（水）8:30集合	2月10日（月）・11日（火）・12日（水）のいずれか いずれも8:30集合
試験科目	作文・面接	午前：学力試験（国語・数学・英語） 午後：面接
合格発表	1月23日（木）11:00～12:00 本校受付窓口	2月10日試験：翌日15:00～16:00 校内掲示 2月11日試験：翌日15:00～16:00 校内掲示 2月12日試験：翌日11:00～12:00 校内掲示

http://www.tmh.ac.jp
多摩大学目黒　検索
携帯サイト：http://www.tmh.ac.jp/mobile

多摩大学目黒高等学校

〒153-0064 東京都目黒区下目黒 4-10-24　TEL. 03-3714-2661

JR 山手線・東急目黒線・都営地下鉄三田線・東京メトロ南北線「目黒駅」西口より徒歩 12 分
東急東横線・東京メトロ日比谷線「中目黒駅」よりスクールバス運行

英語で話そう！

川村 宏一先生

早稲田アカデミー　教務部中学課

上席専門職

朝がちょっぴり苦手な中学３年生のサマンサは、父（マイケル）と母（ローズ）、弟（ダニエル）の４人家族。

朝は毎日、お母さんに起こしてもらっています。趣味はテニスで、学校でもテニス部に入り、毎日充実した高校生活を送っています。

そんなサマンサの１日が始まりました。

2013年9月30日（月）

AM6：00　……ジリリリリリリリリリリリ★◎△●◇（目覚ましのなる音）

Rose　：Good morning, Samantha. Time to get up.
ローズ：おはよう、サマンサ。起きる時間よ。

Samantha：……Good morning, mammy. What time is it now?
サマンサ　：……おはよう、ママ。いま何時？…①

Rose　：It's six o'clock. Get up early at once.
ローズ：６時よ。早く起きなさい。…②

Samantha：All right! Will you open the window?
サマンサ　：わかったわ！　窓を開けてくれない？…③

Rose　：OK. It's sunny today.
ローズ：いいわよ。今日はいい天気よ。

今回学習するフレーズ

解説①　What time～?	時間を聞くときに使う表現。 (ex) What time is it?「何時ですか。」 What time do you go to school?「何時に学校に行きますか。」
解説②　命令文	相手に指示をしたり、命令をしたりする表現。動詞（動作を表す単語）の原形から文を始める。 (ex) Open the window.「窓を開けなさい」 Raise your hand.「手をあげなさい」
解説③　Will you～	相手にお願いをするときに使う表現。 (ex) Will you open the window?「窓を開けてくれませんか？」 Will you close the door?「ドアを閉めてくれませんか？」

【訂正】2013年10月号Grammar & Vocabularyの③で「to+動詞の原型」で「～するために（不定詞の副詞的用法 目的）」とありましたが、正しくは「不定詞の形容詞的用法」の誤りでした。訳に関しては、「家を建てるためのそのレンガをおくれ」となります。訂正してここにお詫びいたします。

みんなの数学広場

TEXT BY かずはじめ

数学を子どもたちに、楽しく、わかりやすく、使ってもらえるように日夜研究している。好きな言葉は、”笑う門には福来る”。

初級～上級までの各問題に生徒たちが答えています。どの生徒が正しい答えを言っているか当ててみよう。もちろん、当てずっぽうじゃなく、実際に問題を解いてみてね。

問題編

答えは次のページ

上級

右の図のような、縦方向に５行、横方向に５列の合計 25 個のマス目から、異なる５個のマス目を選んでマス目に○をつけます。すべての行と列に○がついているようなマス目の選び方は全部で何通りですか？　ただし、このマス目を回したりしてはいけません。

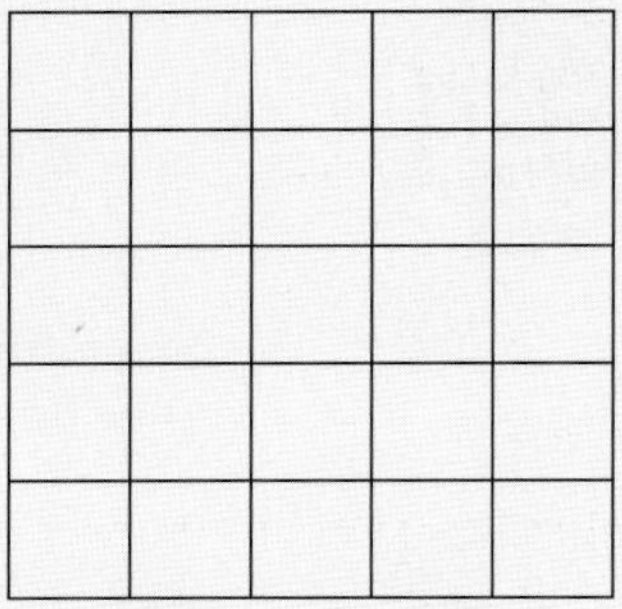

これは、今年出題された国立・九州工大の入試問題の１つです。

A

答えは…

15通り

すぐにわかったよ。

B

答えは…

24通り

数えてみればわかるわよ。

C

答えは…

120通り

ちょっと考えてみるとこうなるでしょ。

中級

大小2個のさいころを投げるとき、目の和が7になる目の出方は6通りあります。
では、大中小3個のさいころを投げるとき、目の和が9になる目の出方は何通りありますか？
これは私立・大阪工大の今年の入試問題です。
（一部表現を変えてあります）

A

答えは…
6通り
数えてみました。

B

答えは…
25通り
ぼくも数えてみたよ。

C

答えは…
36通り
2人ともホントに数えたの?

初級

生徒数40人のクラスで、英語と数学の試験を行いました。英語の得点が80点以上の生徒は20人、数学の得点が80点以上の生徒は25人、英語と数学がともに80点以上の生徒は8人でした。
このとき、英語、数学ともに80点未満の生徒は何人でしょうか。
最後は私立・神奈川大の今年の入試問題です。

A

答えは…
3人
私、英語苦手なんだよね〜。

B

答えは…
7人
これぐらいはいると思うな。

C

答えは…
37人
みんな英語も数学も苦手よね。

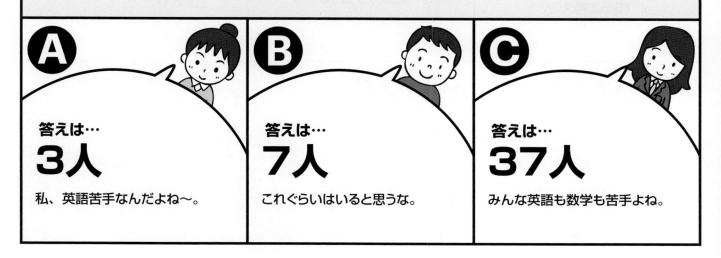

解答編

上級

正解は Ⓒ

順序よく決めていきましょう。

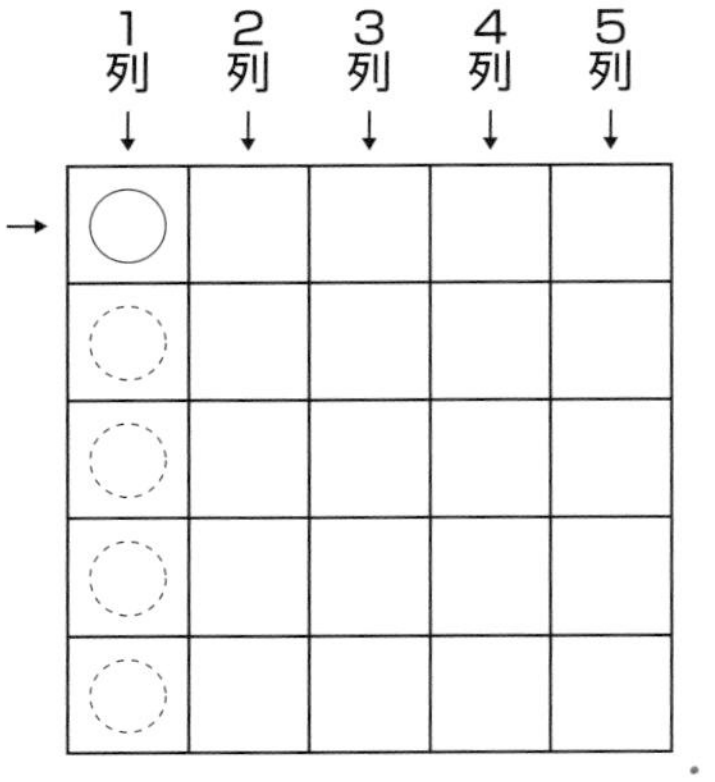

第１列に○をつける方法は５通り。
第２列は第１列と違う行を選ぶから４通り。
第３列は第１列と第２列で選んだ行と異なる３通り。
同様に第４列は２通り、第５列は１通りに決まるので

５×４×３×２×１＝ 120 通り

となります。

Ⓐ

もしかして、5+4+3+2+1=
15って考えた?

Ⓑ

第1列の5通りが足りないな〜。

Ⓒ

中級

正解は **B**

３つの目の和が９になる３つの数の組み合わせは

（ⅰ）（1、2、6）（1、3、5）（2、3、4）

（ⅱ）（1、4、4）（2、2、5）

（ⅲ）（3、3、3）

（ⅰ）のとき（大、中、小）への数の割り当ては各３×２×１＝６通り

（ⅱ）のとき（大、中、小）への数の割り当ては各３通り

（ⅲ）のとき（大、中、小）への数の割り当ては１通り

よって　　３×６＋２×３＋１＝25 通り

A
TOO BAD
本当に数えた?

B
Congratulation

C
TOO BAD
君はいったいどう
計算したの?

初級

正解は **A**

あ＋い＝20
い＋う＝25
い　＝8

あ＋い＋う＝（あ＋い）＋（い＋う）－い
＝20＋25－8
＝37

え＝40－37＝3

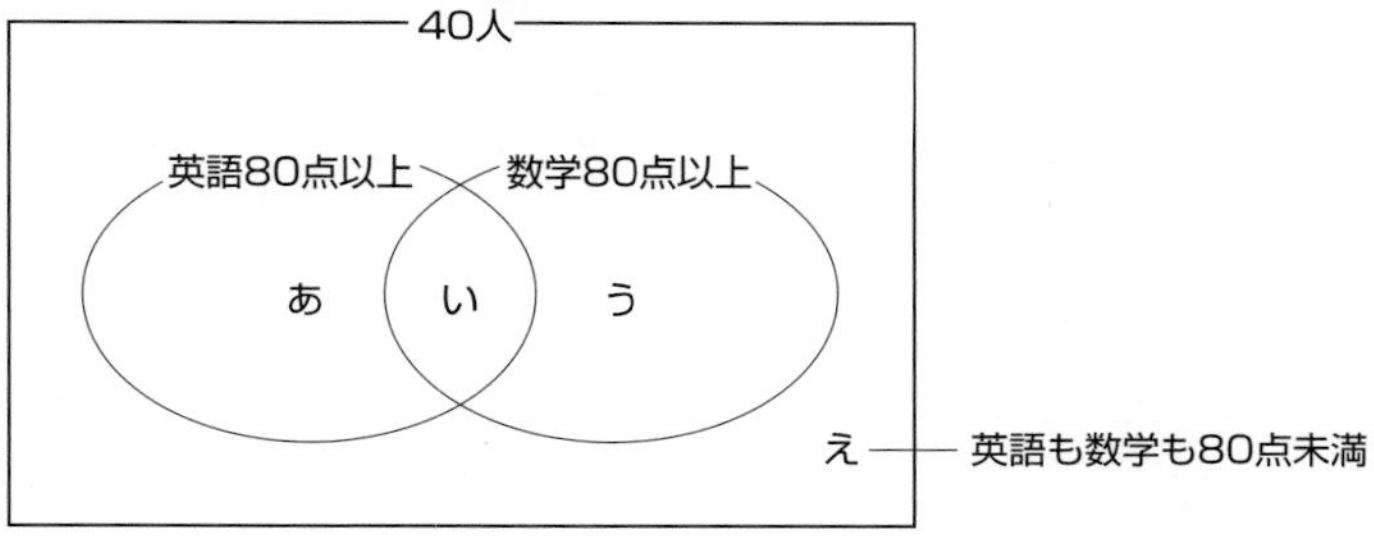
40人
英語80点以上
数学80点以上
あ
い
う
え
英語も数学も80点未満

A
Congratulation

B
TOO BAD
当てずっぽうだね?

C
TOO BAD
それは英語または数学が 80
点以上の人だよ。

してみたい 先輩に聞け！ 大学ナビゲーター

東京大学

工学部計数工学科3年

李《り》 太《たい》斗《と》さん

工学部のなかでもさらに数学を使う学科

——工学部の計数工学科とはどんな学科ですか。

「あまりメジャーな学部ではないので、わかりにくいのですが、ほかの大学でいうと応数学科が一番近いと思います。簡単に言うと、工学部のなかの数学科みたいな感じです。このなかでもさらに2つのコースに分かれていて、数理情報コースとシステム情報コースがあります。ぼくは数理情報コースです。」

——2つのコースはそれぞれどんな勉強をするのですか。

「数理情報コースはより数学を使うコースで、具体的には暗号、統計、アルゴリズム、人工知能や機械学習（※）などについての研究をします。システム情報コースは数学＋物理という感じで、電子回路の構造を調

【自由な雰囲気だった高校時代】

高校は筑波大附属に通っていました。学校の雰囲気は、わかりやすく言うと「放任」で、校則もほとんどなく、過去に問題があったことが校則で禁止されるようになるらしいです。覚えている限りでは麻雀が禁止でした。それも、過去にどこかの部屋で麻雀をやっていた生徒が集会かなにかに来なかったからだと聞きました。

勉強に関しては、なにもかも放任なのではなくて、課題などをちゃんとこなして単位が取れているなら、あとは好きなことをやればいいという感じでした。やるべきことはやるということですね。

【得意な教科を息抜きにする】

大学受験は、高校の部活動を引退した夏休みぐらいから本格的に取り組みました。ぼくは数学と理科が得意で、国語と社会が苦手でした。とくに暗記ですね。だから、数学と理科を息抜きとして挟み込む感じで勉強していました。ここまで覚えたら、そのあとは数学と理科の勉強ができる、という感じです。

東大の顔・赤門

べたり、ロボットやシステム開発などの勉強をするコースです。」

――李さんはどんな分野について研究しているのですか。

「東大は2年生までは全員が教養学部で、3年生からそれぞれの学部に分かれていくので、いまは今後のためのさまざまな勉強をしているところです。4年生の夏にいろいろな研究室を回ってみて、冬から研究室に配属されて卒業論文を書く形です。

また、うちの学科は50人中、毎年大体1、2人以外は大学院に進みます。ぼくも大学院への進学を希望しています。やりたいことを本格的に研究するのはそこから、という感じで、大学の先生にも、学部時代の研究室は本当に進みたい分野よりも、幅を広げるために違う分野を選んだ方がいいと言われました。」

――研究室への配属は自分で決められるのですか?

「希望を出します。もしほかの人とかぶった場合には話しあいで決めます。先ほど話したように、学部での研究室は大学院の研究室とはまた別という考えなので。」

――これまでに受けた講義で印象に残っているものを教えてください。

「1年生のときに受けた熱力学の講義です。熱力学は物理の1科目で、受け持たれていたのは池上高志教授。世界的にも有名な先生です。なにがおもしろいかというと、90分の講義のうち、教科書の内容は15分ぐらいで、あとは雑談なんです。それで、授業の最後に、次はここまで教科書読んでおいて、と言って終わります。

初めに教科書の内容を話して、それが終わると自分の専門の研究内容とか、話したいことをずっとしゃべるんですけど、その内容がおもしろくて。すごく印象に残っています。」

――サークル活動はしていますか。

「バレーボールのサークルに所属しています。でも、活動場所が駒場キャンパス（1・2年生が通うキャンパス）なので遠かったり、3年生になってからはかなり授業と重なるようになってしまったりで、最近はあまり行っていないですね。」

――大学院ではどんな勉強をしたいと考えていますか。

「いまなにかと話題のビッグデータ解析の研究室が、自分のいる学科の直系の研究科にあるので、そこに進むことができればいいなと思っています。ほかの候補としては、応用数学を研究する、めちゃめちゃ数学、という感じの研究室も考えています。」

――いま伺ったような研究室に進んだとして、その後のことは考えていますか。

「研究職を希望しています。大学に残って、そこで研究を続けられるのがベストかなと。それがダメなら企業の研究所ですね。大学院に進んで勉強することができれば、やっぱりそれを活かせる仕事につきたいですね。」

※機械学習…人間が自然に行う学習能力と同じ機能をコンピュータの人工知能で実現しようとする技術などのこと。

ビッグデータの解析を専門的に研究

【数学が好きになったきっかけ】

中2ぐらいまではとくに成績がよかったわけではありません。伸び始めたきっかけは、中2の春休みに塾に通い始めたときからですね。塾の授業の終わりに、先生から「お帰り問題」といって解けたら帰ることができる問題を出題されていたんです。それが単純な問題ではなくて、発展的というかパズル的というか、思考力を問うようなおもしろいと感じられる問題が多かったんですね。そうした問題を毎回解いていくうちに数学好きになりました。

それでもっとおもしろい問題はないかなと思って探し始めたら、そういう問題は難関私立高校の入試問題とかに多くて。片っ端から解いていくようにしていたら力がついていきました。

【受験生へのメッセージ】

一番アドバイスしたいのは、シリアスになりすぎるのはよくないということです。学習塾でアルバイトをしていて、受験生の相談にのることもあるのですが、志望校のランクを1つ上げるか下げるか、というところでとても悩む生徒がいます。でも、高校は過程というか、大学や社会に出ていくところがその先の目的だと思うんです。そう考えると、じつはそこのところの小さなランクの差は大学受験のときに越えられない差ではないんじゃないかと思うんです。

それに、高校受験は半年なり1年なりの長い時間をかけて取り組んでいくものですから、イヤイヤやるぐらいだったら、受験生活を少しでも快適にする努力をした方がいいですよね。嫌いな教科でも、前よりいい点数が取れたら悪い気はしないですから、そうやって少しずつ前向きに取り組んでいけば深刻になりすぎずに高校受験を乗りきれるのではないでしょうか。

埼玉平成は言葉に強い生徒を育てます。

言葉は感性を磨く。感性を磨くと勘（カン）や閃き（ヒラメキ）を生む。そのような、シャープな頭脳を青年期に育てたい。

【埼玉平成が目指す生徒像】

1.「熱き心」を持ち、何事にも“チャレンジ”する生徒

2.『品位』と『けじめ』のある生徒

3.「あいさつ」を通して“思いやり”のある生徒

埼玉平成高校教育の特徴

言葉に強い＝「コミュニケーション能力」が高い

・「日本語検定」と「英語検定」を必修化した指導を行っています。
・平成 24 年度第 1 回日本語検定では、最年少（16 歳）で 2 級合格！

目標：『全生徒の学力UP』

・手作り教材による補習補講の徹底
・“学校内塾”システムの導入・・・自ら学び自ら考える力を育て、自得する力を育む。

近隣地区No. 1の難関大学進学実績

・北海道大学、筑波大学、都留文科大学、慶應義塾大学、早稲田大学、立教大学、明治大学、青山学院大学、中央大学、法政大学、学習院大学、立命館大学、関西学院大学、関西大学、等現役合格力が上昇　（2012・2013 年卒業生実績）

進路実現に直結の《新コース制》

[特別選抜コース]

医歯薬系・難関理工系や国公立・難関私立大学の文系を目指し、1 年次より 7 時限特講を必修。
夏季特別講習・勉強合宿が必須。「学習スケジュール・ノート」を管理指導する中で“セルフ・マネジメント力”を高める指導を行う。

[特別進学コースⅠ]

“G-MARCH”レベル以上の難関大学を目指す。特別選抜同様1年次より7時限特講を必修。特別講習・勉強合宿も実施。

[特別進学コースⅡ]

“教科書の徹底習得”を目指すコース。推薦入試や AO 入試にも対応できる基礎力の徹底を目指す。

[進学コース]

基本を大切にし、指定校推薦入試に対応できる“学力と意識・態度・振る舞い”のトータルバランスをより高める指導に重点。また、将来看護・医療への進路を希望する生徒は、看護に関する専門科目を選択し、病院で体験実習ができる。

入試説明会・相談会のご案内

◆入試説明会
（個別相談あり）
午前　9:30～12:00
午後　13:30～15:30

第 2 回 **10 月 20 日（日）**　第 3 回 **10 月 27 日（日）**
第 4 回 **11 月 17 日（日）**　第 5 回 **11 月 24 日（日）**
第 6 回 **12 月　8 日（日）**　第 7 回 **12 月 15 日（日）**
※10/20 は午前の部のみ

◆個別相談会
午前　9:30～12:00
午後　13:30～15:30

第 1 回 **11 月 30 日（土）**（午後）　第 2 回 **12 月 22 日（日）**（午前・午後）
第 3 回 **1 月 11 日（土）**（午前）

※いずれも予約不要です。※その他、詳細についてはホームページにてご確認ください。

学校法人 山口学院
埼玉平成高等学校
http://www.saitamaheisei.ed.jp　埼玉平成｜検索
〒350-0434
埼玉県入間郡毛呂山町市場333-1
TEL 049(295)1212
FAX 049(294)4555

あれも日本語 これも日本語

第45回 鳥にちなむ慣用句 上

今回から2回に分けて鳥にちなむ慣用句についてみてみよう。

「カラスの行水《ぎょうずい》」。カラスの水浴びは、水たまりなんかでちょっと羽をぬらすだけで飛び去ってしまう。そんなカラスの様子から、簡単に入浴をすませてしまうことをいうんだ。健康のためにもお風呂にはしっかり入って、身体をよく洗わなくてはいけないが、適当に洗っていると、「カラスの行水はだめよ」なんてお母さんに叱られるよ。

「闇夜のカラス」。カラスは色が黒いから、闇夜だと見つけることができない。そこから、見分けがつきにくいことをいうんだ。「みんな同じ制服を着ているから、まるで闇夜のカラスでわからないや」とかね。

「烏合《うごう》の衆《しゅう》」の「烏」はカラスのこと。カラスは木に止まるときも、ばらばらに止まる。そこから統制のとれていない群集のことをさすんだ。

「ウの目タカの目」はウが魚を、タカが小鳥を捕まえようと目をこらすところから、必死にものを探す様子を言うよ。「ウの目タカの目で探したけれど、財布が見つからない」というふうに使う。

「ウ呑み」はウが鵜《う》飼《か》いで魚を丸呑みするように、噛まずに飲み込むことだけど、そこから、人の話を検討せずに信じ込んでしまうという意味で使われる。「あいつの話は信用できないから、ウ呑みにしないでよく考えた方がいいよ」というように使う。

「能あるタカは爪を隠す」。本来は、能力のあるタカは、獲物を狙うとき、わざと爪を隠して相手を油断させる、という意味だけど、一般的には、優秀な人は自分の優秀さをひけらかさない、という意味で使われる。

「スズメの涙」。スズメは小さな鳥だけど、そのスズメがもし涙を流すとしたら、ほんのちょっとの量だろう、ということから、ほんの少しのことをいうんだ。「ぼくの小遣いはスズメの涙だ。もっと増やしてほしい」なんてね。もっとも、スズメが本当に涙を流すわけではない。

「スズメ百まで踊り忘れず」。幼いときに身についた習慣や技は、年をとっても抜けることはない、という意味だけど、これも実際にスズメが踊りを踊るわけではないんだ。

ミステリーハンターQの 歴男歴女 養成講座

ミステリーハンターQ（略してMQ）

米テキサス州出身。某有名エジプト学者の弟子。1980年代より気鋭の考古学者として注目されつつあるが本名はだれも知らない。日本の歴史について探る画期的な著書『歴史を掘る』の発刊準備を進めている。

春日 静

中学1年生。カバンのなかにはつねに、読みかけの歴史小説が入っている根っからの歴女。あこがれは坂本龍馬。特技は年号の暗記のための語呂合わせを作ること。好きな芸能人は福山雅治。

山本 勇

中学3年生。幼稚園のころにテレビの大河ドラマを見て、歴史にはまる。将来は大河ドラマに出たいと思っている。あこがれは織田信長。最近のマイブームは仏像鑑賞。好きな芸能人はみうらじゅん。

鎌倉仏教

仏教が武士や庶民に広まり、新たな宗派が活躍した鎌倉時代。その特徴を鎌倉仏教の隆盛を生んだ末法思想から勉強しよう。

勇 古都・鎌倉が世界文化遺産をめざしているそうだね。鎌倉といえば大仏なんかが有名で、お寺もいっぱいあるけど、鎌倉仏教ってどういうの？

MQ 鎌倉仏教の最大の特徴は、平安時代と違って、仏教が庶民に浸透したことだろうね。

静 浸透って、どういうふうに？

MQ お釈迦様が亡くなって年月がたつと、その教えが希薄になるという末法思想というのがあって、日本では平安時代後期から社会不安が増大する末法の世になると信じられていたんだ。

平安末期の戦乱や災害、飢饉《ききん》などで人々の不安がつのり、鎌倉時代に入って、鎌倉仏教が誕生する契機になったんだ。

勇 鎌倉時代になって、新たな宗派が生まれたの？

MQ 法然《ほうねん》が浄土宗を開いた。法然は念仏を唱えるだけで、死後、極楽へ行けると説いて、庶民の信仰を得たんだ。

静 それまでは念仏だけじゃだめだったの？

MQ 天台宗や真言宗は学問的であったり、加持祈祷《かじきとう》をしたりして、必ずしも庶民の救済を目的としたものではなかったんだ。法然の弟子の親《しん》鸞《らん》は浄土真宗（一向宗）を開いて、信心をして念仏を唱えれば往生ができると説き、「悪人正機説」といって、悪人も往生ができると教え、多くの信者を得た。

勇 みんな、往生して極楽に行きたいと願ったんだね。

MQ 禅宗が始まったのも鎌倉時代だ。栄西や道元は宋に渡り、栄西は臨済宗を、道元は曹洞宗の教えを持ち帰り、坐禅をおもな修業の道とした。禅の厳しさは鎌倉武士の間に受け入れられていった。

静 仏教が一気に花開いたって感じね。

MQ さらには日蓮が「南無妙法蓮華経」という題目を唱えれば救われると説いて日蓮宗（法華宗）を起こした。これ以外には、一遍が念仏踊りなどをしながら各地を歩いて時宗を開いた。また、奈良仏教といわれる南都六宗のなかからも、貧民救済などの動きが起こったんだ。

勇 末法思想が、鎌倉仏教の隆盛を生んだってことかな。

MQ そうだね。鎌倉の大仏が建立され、運慶、快慶、湛慶《たんけい》らが写実性に富み、人間味あふれる力強い仏像を作りあげたのも鎌倉仏教の大きな特徴だね。

共立女子第二高等学校

The Second Kyoritsu Girls' Senior High School

他ではない「Only One」の学校へ

緑豊かな八王子の丘陵地、旧共立女子大学キャンパスをリニューアルした新校舎への移転も終了し、「教育制度改革」も順調に進む共立女子第二高等学校。他ではない「Only One」の学校として、進学校の機能を強化しつつ、のびやかでしなやかな女性の育成を目指す教育をさらに深化させています。

■新校舎はすべてがカレッジ水準

平成23年に移転した新校舎内部は、恵まれた自然環境に溶け込むように、いたるところに木の温もりが漂います。キャンパスの中央部への校舎移転によってグラウンドや大講堂にも近くなり、より効率よく授業やクラブ活動が行われるようになりました。職員室のある1号館は各階にオープンスペースが設けられ、休み時間や放課後には生徒が集い、先生にじっくりと質問や相談できる空間になっています。いくつもの校舎に周りを囲まれた、バラ園も広がる美しい中庭。ブラウジングコーナー、文芸図書コーナー、学習閲覧室など、多彩な空間を持つ広い図書館。さらに自習室やランチコーナーなども新たに設置され、生徒一人ひとり、いつもどこかに居場所がある、そんな居心地の良いキャンパスとなっています。

■幅広い進路志望に対応する新教育制度

より付加価値の高い「進学校」を目指して、カリキュラム改革にも乗り出しています。高校1年次におけるS（標準）クラス・AP（特進）クラスの分割、高2・高3におけるコース制導入などはすでに実施されていますが、平成24年度入学生より、さらに幅広いコース選択を可能としました。高校2年では「文系」「文理系」「特進私立文系」「特進国立文系」「特進理系」の5コース、高校3年では「特進理系」がさらに「特進私立理系」と「特進国立理系」に分かれ、計6コースからの選択となります。

なお、大学受験時においては「併設校特別推薦制度」がたいへん有効に活用されています。これは共立女子大学・短期大学の推薦入試による合格を獲得しつつ、さらに外部大学の受験を可能とする制度です。この制度により、安心して難関大学にもチャレンジできます。

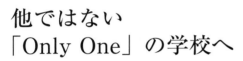

本校はほとんどの卒業生が大学・短大へ進学していますが、ここ数年、共立女子大・短大への進学者と、外部大学への進学者の割合は、ほぼ半々となっています。

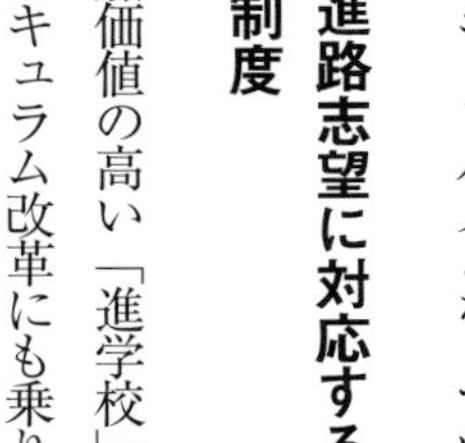

四年制・短大の比較

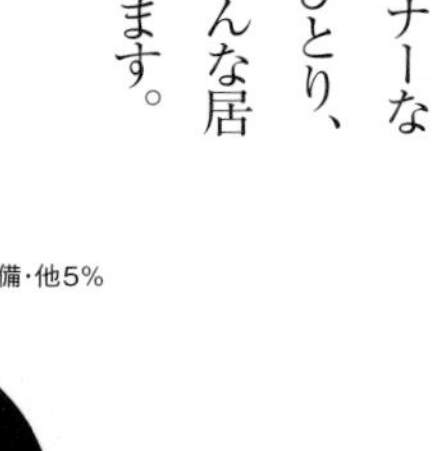

共立・外部の比較

■共立女子大学の安定した存在感

共立女子大学は126年の歴史をもつ女子大です。創立時より女性の社会進出

を見据え、女性の自立を図ることを目標としてきました。現在においても、歴史と伝統に支えられ、高い就職内定率を誇る、就職に強い大学との評価を得ています。ここ数年の改組・改革により、大学・短大は大きな進化を遂げました。神田一ツ橋キャンパスに校舎を集中させ「教育の質の保証」を図るとともに、看護学部や児童学科といった新しい学部・学科を設け、選択の幅を広げています。こうした進化により、共立女子大の人気も衰えることがありません。本校でも例年半数程度の卒業生が進学しています。共立への進学を視野に入れて高校から本校に入学する生徒も少なくありません。

■給付奨学金制度 ～もう一つのモチベーション

高校入試においては、一般入試の合計得点率により入学金や授業料等を免除する「給付奨学金制度」も設けられています。入学金および授業料・施設設備費を3年間免除するS奨学生をはじめとし、得点率によりいくつかのパターンが用意されています。なお、推薦入試ですでに合格している受験生は一般入試を奨学生選抜試験として受験することができます。特に人数制限もありませんので、基準を満たせば何人でも選出されます。受験に向けてのさらなるモチベーションにして欲しい制度です。

共立女子第二高等学校

〒193-8666　東京都八王子市元八王子町1-710　TEL：042-661-9952　FAX：042-661-9953

学校説明会

10月26日（土）
11月30日（土）
〔14：00～〕
（両日とも個別相談あり）

個別相談会（要予約）

12月7日（土）　12月8日（日）
〔9：00～12：00〕
12月9日（月）　12月10日（火）
〔15：00～17：00〕

アクセス

※ JR中央線・横浜線・八高線「八王子駅」南口よりスクールバスで約20分
※ JR中央線・京王線「高尾駅」より徒歩5分の学園バスターミナルよりスクールバスで約10分

教えてマナビー先生！

世界の先端技術

プロフィール

日本の某大学院を卒業後海外で研究者として働いていたが、和食が恋しくなり帰国。しかし科学に関する本を読んでいると食事をすることすら忘れてしまうという、自他ともに認める“科学オタク”。

グラビティライト

重りを吊り下げれば重力で発電を続けて周囲を照らすライト

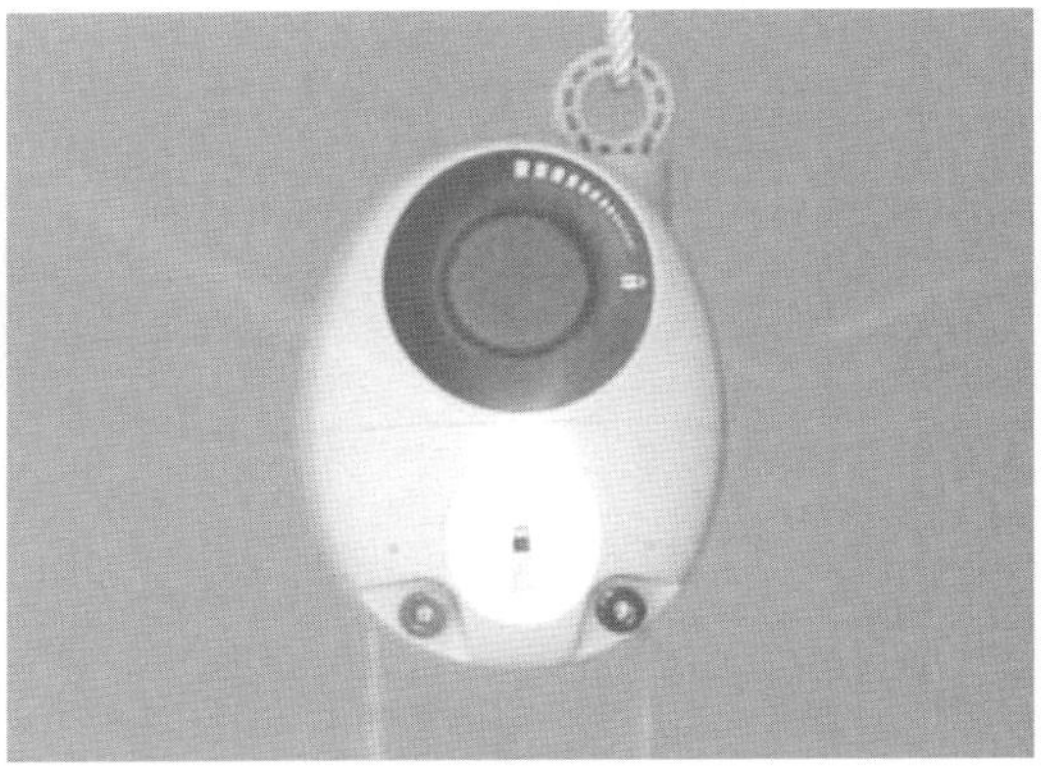

高いところにぶら下げ、下側についているひもの先に重りになるものを吊り下げれば、ゆっくりと重りが下がり発電を続けるグラビティライト

今回紹介するのはグラビティライト(GravityLight)だ。これは重力(Gravity)を使って発電する照明装置なんだ。

夜間、停電して電灯がつかないときは本当に不安だよね。日本では電気は当たり前のように使うことができるけれど、世界には電気が通っていない地域もまだまだ多く、世界人口の約21%は電気のない生活だそうだ。

そこでは灯油ランプが多く使われている。しかし、灯油ランプは暗く、すすが出て健康にもよくない。電気代と比べて高い灯油代も必要となる。そのコストは彼らの収入の10%〜20%にもなるというから驚きだ。このような地域や、停電などの緊急時にも簡単に明かりを提供しようと考えられたのがグラビティライトだ。

グラビティライトには、発電をするための重りを吊り下げるフックと、重りの力で発電する本体、発電した電気で照明するLEDがついている。10kg程度の砂を袋に詰めてフックにかけると、その重さで発電が始まる。袋がゆっくり下がっていきながら発電し、LEDを点灯する仕組みだ。

１回の重りの吊り下げで点灯できる時間は25分程度だ。重りはそんなに重くないので、たった３秒で吊り下げが完了してしまう。

標準装備のライト以外にも、電気を供給できる端子とつなげて、手元を照らすランプとしても使えるように考えられている。内部にバッテリーはなく、劣化の心配をせずに使い続けることができる。

計画では一般家庭の灯油ランプの３〜４カ月分の価格で購入できるようにしたいそうだ。これまでの灯油ランプよりずーっと明るく、すすも出ないから健康問題も解決できる。

グラビティライトはやっと試作品ができあがったところだが、これから何度もテストを繰り返して来年には完成品を出荷したいという。

みんなが「非常持ち出し袋」に入れて準備しておけば、もしもの災害のときにも避難所で重宝することになりそうだ。早く実用化されるといいね。

あたまをよくする健康

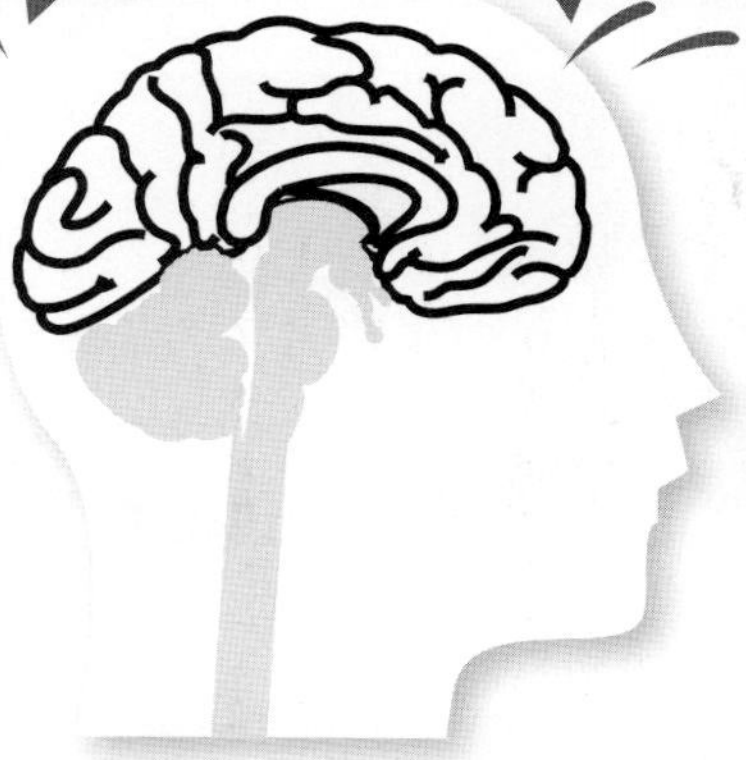

ナースであり
ママであり
いつも元気な
FUMIYOが
みなさんを
元気にします！

by FUMIYO

今月のテーマ

ごはんの魅力

ハロー！　FUMIYOです。大多数の人は毎日必ず食事をしますよね。日本人の主食には、ごはん、パン、麺類などがありますが、みんなはなにが好きですか？　多くの人は、ごはん党かパン党のどちらかに分かれそうですね。ちなみにうちの娘は、朝・昼・晩とも食パンがいいというくらい、パンが大好きなパン党です。うちの娘だけでなく、最近は世間でもパンの人気が高まってきていますね。

パンの人気に押され気味のごはんですが、色々と調べると、ごはんには脳の働きをよくする素敵な魅力があることを発見しました。

まずはこのクイズを考えてみてください。以下に出てくる３人は朝の過ごし方がそれぞれ異なっています。１時間目の授業から頭をフル回転できるのは、３人のうちいったいだれでしょう？

①Aさん⇒目覚まし時計が鳴っていたのに、止めて寝続けて二度寝。牛乳を１杯とパンを１口食べただけで、慌てて家を出た。

②Bさん⇒登校する２時間前には起床し、和食中心の食事でゆっくり朝食タイム。朝食を食べたあと余裕を持って家を出た。

③Cさん⇒お家の人に、「いい加減に起きなさい！」と起こされて、身支度が済んだと同時に家を飛び出した。もちろん朝食は食べていない。

この３人のなかでは、すぐに②のBさんが元気に、１時間目から頭をフル回転できるとわかりますよね？

①のAさんは慌てながらではありますが、少しでも栄養を取り込んでいるのはよいですね。しかし、牛乳とパンの１口ずつでは栄養が十分足りているか心配です。

③のCさんは、授業に遅刻しなかっただけよかったですが、まったく朝ご飯を食べないというのは身体によくありません。こういったことが続くと体調を崩しかねませんので、もう少し余裕を持った朝を過ごしましょう。

このように、脳にエネルギーを与えるため、そして１日元気に活動するためには、しっかりと朝食をとることが大切なのです。

さて、脳の唯一のエネルギー源は炭水化物などに含まれるブドウ糖ですが、ブドウ糖は体内にたくさん蓄えておくことができません。つまり、朝起きたときに脳は〝エネルギーがほしい〟と、エネルギー不足状態になっているのです。

このエネルギー不足状態を解消するのに最適なのが、ごはんです。なぜなら、ごはんにはブドウ糖が多く含まれているからです。そして少しずつ消化吸収されていくため、不足したブドウ糖をゆっくりと補い、長時間維持してくれるのです。パンにもブドウ糖は含まれていますが、消化吸収に即効性があり、すぐにエネルギーとなってしまうため、持続性があまり期待できません。

また、ごはんはパンに比べて歯ごたえがあるため、自然と噛む回数が多くなります。噛む回数が多くなると、刺激が脳に伝達され、脳が活性化していきます。

エネルギーを補充し、脳の働きも高めてくれる魅力いっぱいのごはん。朝食に〝ごはん〟を試してみる価値はあるのでは？　朝食をゆっくり食べる時間がないときでも、まずはパン１口をおにぎり１つに変えることから始めてみてはいかがでしょうか。

Q1 お茶碗１杯（150g）には、お米は何粒含まれているでしょう？

①1000～1500粒　②2000～2500粒　③3000～3500粒

正解は、③の3000～3500粒です。
一般的に、お米は炊くと約2.3倍に膨らみます。炊く前の精米は65gで、1粒ずつ数えると約3250粒になります。

Q2 お米の生産量が、一番少ない都道府県はどこでしょう？

①沖縄県　②東京都　③大阪府

正解は、②の東京都です。
平成24年産水陸稲の収穫量（農林水産省資料参照）によると、東京都は676t、大阪府は2万8800t、沖縄県は2450tです。

Success News

ニュースを入手しろ!!

サクニュー!!

産経新聞編集委員
大野 敏明

▶PHOTO　2020年夏季五輪の東京開催決定を報じる号外を受け取る子どもたち＝９月８日午前、東京・駒沢公園
時事　撮影日:2013-09-08

今月のキーワード

東京オリンピック決定

2020年の夏季オリンピック・パラリンピックの開催地が東京に決まりました。

国際オリンピック委員会（ＩＯＣ）は、日本時間の9月8日早朝、アルゼンチンの首都、ブエノスアイレスで総会を開き、東京を開催地に決定しました。

2020年の開催地については、東京、トルコのイスタンブール、スペインのマドリードの３都市の間で争われていました。

各都市はＩＯＣ委員に対し、それぞれ自国での開催を強くアピールしてきましたが、総会での１回目の投票では、東京が42票、イスタンブールとマドリードが26票ずつで、過半数を獲得する都市がありませんでした。

このため、イスタンブールとマドリードで２位決定投票を行い、その結果、イスタンブールが49票、マドリードが45票で、マドリードが脱落、東京とイスタンブールで決選投票となり、東京が60票、イスタンブールが36票で、東京が圧勝しました。東京は今回、３度目の立候補での決定でした。

東京の夏季オリンピック開催は、1964年の第18回大会以来56年ぶりの２度目、冬季を含めると、1972年の札幌、1998年の長野と合わせ、日本で４度目のオリンピック開催となります。

東京は、総会でのプレゼンテーションで、安全、安心、おもてなしの心などをアピール、イスタンブール、マドリードに大差をつける結果になりました。

東京はコンパクトなオリンピックを標榜していますが、東京都はオリンピック開催に伴う経済効果を３兆円、雇用創出15万人と試算しています。

しかし、民間の経済研究所のなかには、今後７年間で最大150兆円の経済効果が見込めるとの試算をしているところもあります。

1964年の東京オリンピックは、アジアで初のオリンピックであり、第二次世界大戦の敗戦国から復興した日本をアピールするものとして、注目されました。また東海道新幹線開通、首都高速道路の開通など、オリンピックの開催が近代化に大きなはずみをつけましたが、今回も、東京を中心とした、都市の再開発や新規の交通機関の運営などが期待されています。

東京オリンピックの開会式は2020年７月24日、閉会式は8月9日。同じくパラリンピックは8月25日に開会式、９月６日に閉会式を行う予定です。

2020年にはみなさんは成人に達していると思います。さまざまな形でオリンピックにかかわり、世界の人々との交流を深めてください。

接点のない生徒たちによるもう1つの修学旅行

『アナザー修学旅行』

修学旅行。それは中高生にとって欠かせないビッグイベントの1つだよね。その修学旅行をちょっと違う視点から描いているのが、この『アナザー修学旅行』だ。

主人公は中学3年生の三浦佐和子。彼女は楽しみにしていた修学旅行直前に、足を骨折し、参加することができなくなってしまった。

そんな彼女はクラスメートたちが修学旅行に出かけている間、ほかの不参加の同級生とともに学校に登校し、3日間、1～5時間目を過ごすハメになる。

不参加者は佐和子を入れて6人。1つの教室に集まった佐和子以外の5人は非常に個性的な面々だ。

男子は学校一のモテ男・小田知也と、頭はキレるがなにかとトラブルメーカーで、アダ名は「インテリヤクザ」の片瀬幸博。女子は人気ドラマに主演する女優の岸本雅、小田と同じ児童養護施設に暮らす超絶いい人の野宮千里、そして、寝てばかりいるミステリアスな転校生・湯川仁稀。

自称「普通の人」佐和子は、自分を含め、小田と野宮以外はとくに接点もなく、なにかと噛み合わないクラスメートと同じ空間にいるとんでもない違和感を感じながらも、不思議な3日間を過ごすことに。

よくある学園モノなら（こういう設定があまりないけれど）、謎の事件あり、恋物語あり、となるところだけど、この小説のおもしろいところは、とくに驚くような事件が起きるわけでもなく、甘酸っぱくなるような恋愛が進行するわけでもないところだ。だけど、テンポのいい会話と、男女お互いに中学生らしい感情が描かれていて、先が気になってしまう。

しかも、途中から思わぬ登場人物も加わりながら、〝もう1つの〟修学旅行は進んでいく。過ごす場所こそ学校だけれど、限られた人数しかいない非日常のなかで繰り広げられる会話や感情のやりとりは、まさに〝修学旅行〟そのもの。

接点がなかった生徒同士が3日間、同じ教室で時間をともにすることで芽生えていく感情をぜひ味わってほしい。

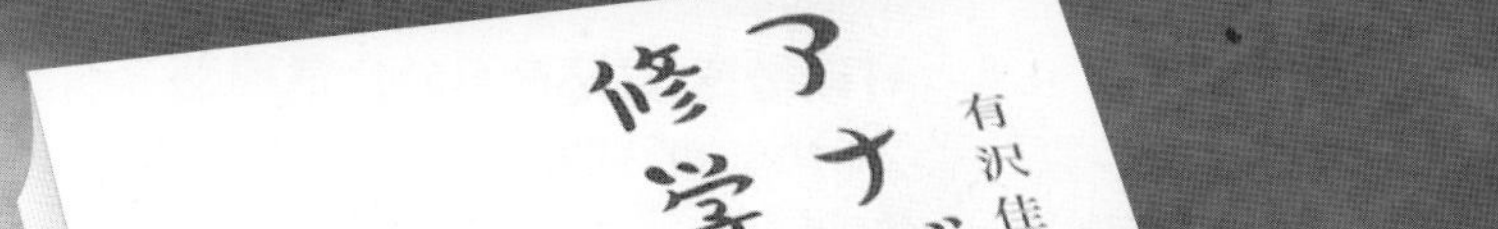

◆『アナザー修学旅行』

著／有沢佳映
刊行／講談社
価格／1300円＋税

天変地異から世界を守れ！

ボルケーノ

1997年/アメリカ/20世紀フォックス/
監督:ミック・ジャクソン/

「ボルケーノ」DVD発売中
1,490円(税込)
20世紀フォックス　ホームエンターテイメント
ジャパン

デイ・アフター・トゥモロー

2004年/アメリカ/20世紀フォックス/
監督:ローランド・エメリッヒ/

「デイ・アフター・トゥモロー」ブルーレイ発売中
2,500円(税込)
20世紀フォックス　ホームエンターテイメント
ジャパン

ディープ・インパクト

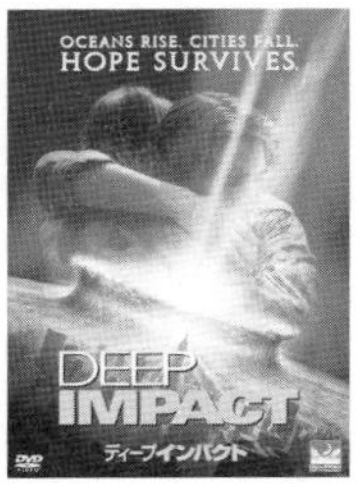

1998年/アメリカ/ドリームワークス/
監督:ミミ・レダー/

「ディープ・インパクト」DVD発売中　1,500円(税込)
DVD発売元:パラマウント ジャパン

人間vsマグマの壮絶な闘い

本作のアイデアは、アメリカで知られているサイエンス雑誌からヒントを得たと言われています。広大な自然を誇るアメリカ。この作品に強いリアリティが感じられるのは、こうした未曾有《みぞう》の自然災害が現実社会にも十分起こり得るからに違いありません。

舞台はアメリカ西海岸の大都市、ロサンゼルス。不可解な作業員の焼死、水温の急激な上昇、そして、続く微振動。いつもと変わらないように見える日常生活に、なにか得体の知れない危機が忍び寄っていました。ロサンゼルスを突如として襲ったのは、地下で起こった火山活動によるマグマの流出だったのです。

この事態を受けて、カリフォルニア州緊急事態管理局局長のマイク（＝トミー・リー・ジョーンズ）が指揮を取り、あらゆる方法でマグマが街へ流れ込むのを防ごうと試みます。しかし、相手は恐ろしく巨大なマグマ。一刻の猶予もないこのピンチに、どのようにしてマイクはロサンゼルスの危機を救うのでしょうか。人間の知恵と勇気を振り絞った壮大な作戦に、思わず手に汗握ります。

「明後日」に込められた危機感

地球温暖化の影響で世界各地で異常気象が引き起こされ、氷河期となった世界と、環境の変化にパニックになる人々を描いた映画です。

「デイ・アフター・トゥモロー」（＝明後日）という意味に込められているのは、加速する地球温暖化に対する先進諸国の危機感の希薄さへの警告にほかなりません。いますぐに対策を打たなければ、温暖化による異常気象で人類が破滅する日はすでに「明後日」に迫っているという警鐘を鳴らしているのです。

温暖化により氷河が溶け、淡水が大量に海へ流れ込むことで地球は一気に氷河期へと加速します。各地で発生する異常気象は、我々人類が暴利をむさぼるあまり少しもかえりみなかった地球の怒りそのもの。京都議定書第３条で定められた2008年以降のCO_2排出規制でも環境破壊に歯止めが効かない現在。想像しにくい未来ではなく、「明後日」といういま抱える問題とすることで、地球環境への配慮の必要性を強く訴えています。人々の共感と危機感を誘った本作は、リアルな映像も話題を呼びました。

もし地球滅亡の日が迫ったら？

今年２月にロシアのウラル地方でいん石が落下したニュースは記憶に新しいでしょう。宇宙からなんらかの破片が大気圏に突入し、地球に落下してくる可能性は、決してゼロではありません。そして本作では、破片ではなく、彗《すい》星が地球に衝突するという、人類滅亡の危機をリアルに描いています。

迫りくる危機のなかで、アメリカ大統領（＝モーガン・フリーマン）は人類存続のために100万人を地下シェルターへ避難させること、そして、彗星衝突を回避させる使命を宇宙船「メサイア」に託すことを発表します。100万人のなかに選ばれた者とそうでない者、そして、「メサイア」に乗り込む飛行士たちは、それぞれが生きる意義と人生について想いを巡らします。命の期限が迫るなかで、人々はパニックに陥るのではなく、むしろ粛々と自らの人生を振り返り、愛する人とのきずなを確かめあう姿が印象的に描かれています。

「メサイア」の乗組員たちの運命は、そして、地球の運命ははたしてどうなるのでしょうか。

高校受験 ここが知りたいQ&A

Q ちゃんと勉強したことがありません。勉強のやり方を教えてください。

ちょっと恥ずかしい話ですが、これまでほとんど勉強らしい勉強をした自覚がありません。そもそも、勉強のやり方が正直なところわかっていません。こんな私にアドバイスはしてもらえるのでしょうか。

（葛飾区・中2・IM）

A 簡単なことから始めてみましょう。それが次への一歩につながります。

「恥ずかしい」とのことですが、決して恥ずかしいことではありません。自分の現状を正しく認識して勉強しようという気持ちがあるからこそ、この内容のお尋ねになったもので、貴重なご質問です。

「勉強らしい勉強をしたことがない」というのは、今後はしっかりと学習に取り組んでいきたいという気持ちがあるからこそ出てきた言葉でしょう。いままで勉強してこなかったことを悔やんでも仕方ありません。過ぎ去った過去が戻るわけではないからです。これからいかに実践するかを考えることが大事です。

勉強方法ですが、まずは短時間でも、またほんの少しでもいいので、「これをやる」と決めて、やってみることの積み重ねが最良の勉強方法です。10分、15分でもかまいません。計算問題を2問、英単語を10個覚えるということだって立派な勉強です。

そうした小さなことができるなら、それが大きな学習成果につながっていきます。小さな実践が可能となった人は、その成功体験が次への一歩となります。

特別な勉強方法を考えるというより、平凡でもいいので、まずは実践することから開始しましょう。そうすることで、だんだんと自分に合った勉強方法が見つかるはずです。

教えてほしい質問があれば、ぜひ編集部までお送りください。連絡先は96ページをご覧ください。

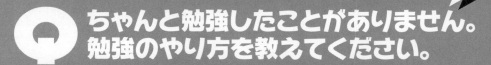

なんとなく得した気分になる話

身の回りにある、知っていると
勉強の役に立つかもしれない知識をお届け!!

7回転んで8回起きる??

お腹が痛いよ～。

どうした！　トイレに行ってみた方がいいんじゃないか。

う～ん。行ってくる！

…しばし経過…

どうだあ？　少し楽になったか？

さっきよりは楽かも。

なにか変なものでも食べたのか？

変なもの？　変なものを食べるのは先生だけだよ。

口答えする元気があるんだから、もう大丈夫だな（笑）。それにしても、さっきの君は七転八倒だったよ。

七転八倒？

そうだ、７回転んで８回倒れる。

なんか、転ぶも、倒れるも同じ感じだね。

転びながら倒れる…いや、倒れながら転ぶ。どちらもつらいなあ…。

転びながら倒れる…いや、倒れながら転ぶって、ダルマみたいなんだけど。

ダルマは、七転び八起きだよ。

七転び八起き？

そう。７回転んで８回起きる。

それっておかしくない？

えっ？　７回転んで８回起きることがかい？

だって、初めに、１回目転んで、１回目起き上がる。次に２回目転んで、２回目起き上がる。そして、３回目転んで、３回目起き上がる。そして、４回目転んで、４回目起き上がる。これを繰り返すと…７回目転んで、７回目起き上がる。ほらっ！　７回転んで８回起きることができないよ！

ほ～！　これは、君！　すごい発見だ！

たまには、ボクもほめられることがあるんだね。

それでだ。君の発見によって、七転び八起きが間違っていることになったんだが…。昔からの言い伝えが間違っていると言うのも、ちょっと納得がいかない。なぜ、「八起き」なんだろう？

う～ん。転んでも起きればいい！　さらに、もっと起きて元気になろう!!!　って言うのは？

元気になろう！　はいいねえ。しかし、ちょっと説得力に欠ける。もう一声ほしいな。

もう一声って、バナナのたたき売りじゃないんだからさあ…。なんか納得いかないなあ。先生はどう思うの？

そうきたか…。いつもの君より今日は賢いなあ（笑）。

そんなことないよ。いつも賢いよ（笑）。

ほ～らすぐに図に乗る。では、ヒントだ。転ぶのを後回しにして、まず、起きる方から数えたら？

起きる方から？

そうだ。起きる方から数えてごらん。

１回目起き上がって、１回目転ぶ。そして、２回目起き上がって、２回目転ぶ。さらに、３回目起き上がって、３回目転ぶ。これを繰り返すと…７回目起き上がって、７回目に転ぶ。

最後に転ぶって言うのは、あまりいい言葉ではないなあ。さあ、わかるかな？

あっ、なるほど！　わかった。ダルマは、初めに転んでいたんだね。

そう、何事も初めからできる人はいないんだよ。転ぶ…つまり失敗があって精進して成功するってわけさ。

今日の先生は真面目だね。見直したよ。

なんか照れるなあ（笑）。

でも、初めからダルマは転んでるってことは、初めは、怠けていたってことだよね？　それって、まるでぼくみたいだ。ぼくの将来は安泰ってことだね!?

やっぱり、君は人生を甘く見てるな…。君の人生は七転び八起きではなくて、七転八倒の人生が待ってるよ。

マジ!?

受験情報

Educational Column

15歳の考現学

「高校無償化」
私立高へも広がる動き

私立 INSIDE

私立高校受験

首都圏私立高校
来年度入試変更点

公立 CLOSE UP

公立高校受検

都立高校入試の
基本をおさえよう

BASIC LECTURE

高校入試の基礎知識

模擬試験の「なぜ」と「効用」
結果を利用する姿勢が大切

千葉公立

来年度の千葉公立募集定員

千葉県教育委員会は、来年度（2014年度）、公立高校に受け入れる募集定員を発表した。来年３月の千葉県内中学卒業生は５万5633人の見込み（773人増）で、増員分の一部を公立高校の定員を増枠して受け入れる。

来年度全日制での定員は、県立校で520人増（＋13学級）とし、その内訳は21学級増、８学級減。県立全体の定員は３万2000人。市立校は57学級、全定員2280人と変わらず、県立、公立合わせ３万4260人を受け入れる。

東京都立・私立

来年度の都内高校の就学計画

東京都と東京私立中高協会は、都内公立中学校卒業者の、2014年度受け入れ分担について、その比率を以下のように合意した。

来年度の就学計画を立てるうえで、高校進学率を96.0%と見越し、都立高校と私立高校の按分《あんぶん》比を59.6：40.4として、都立高校４万3100人、私立高校２万9300人とした。

卒業予定者数は７万9140人で、今年度より1723人多くなるため、都立で800人、私立で600人多く受け入れる。

森上《もりがみ》　展安《のぶやす》

森上教育研究所所長。1953年、岡山県生まれ。早稲田大学卒業。進学塾経営などを経て、1987年に「森上教育研究所」を設立。「受験」をキーワードに幅広く教育問題をあつかう。近著に『教育時論』（英潮社）や『入りやすくてお得な学校』『中学受験図鑑』（ともにダイヤモンド社）などがある。

Educational Column

15歳の考現学

「高校無償化」私立高へも広がる動き
公私が同じ土俵にあがることで
よりよいサービスのあり方が見えてくる

授業料の公私間格差がなくなるとなにが変わるか

政権が変わって政府の高校無償化政策の見直しが行われようとしています。

新聞報道などをみると年間所得９００万円台で線引きされて、それ以上の所得の子女は、これまでのような無償化の恩恵はなくなり、そこで浮く費用を低所得者に支出しようという構想です。

こうなると、中所得者でも私立高校の授業料くらい支援を手厚くすることで実質無償化できる可能性が出てきました。

もちろん、法案が成立してすぐに実施といっても、来年度から実行に移されるか否かは、事務作業が物理的に間に合うかどうかが危ぶまれていますから、来々年になるかもしれません。

とはいえ、遅くともいまの中2のみなさんからは、こういった政策が実現できることが確実になりました。もちろん、アッパーミドルとされる年収７００～８００万以上の所得者にとっては、従来の高校無償化通り公立高の授業料分程度の軽減となるだけでとくに変化はないでしょう。

しかし、ロウアーミドル層＝年収６００万円前後の層であれば、国からの従来の公立高校無償化による軽減だけでなく、高所得者に回していた財源からの上積みがあり、加えて、自治体である都県からの就学支援金も、こうした中所得者層、低所得者に手厚くなります。とくに東京都は私立の多い特例の地域ですから、都民の私立高進学への補助は期待できそうです。

とはいえ公立中学からの進学先の主流は公立高校です。過日、週刊誌『ＡＥＲＡ』に、難関都立高に多くの進学者を出している公立中学校名が、多い順に並べられていました。（『ＡＥＲＡ』9月9日発売号）

進学塾名でなく、公立中学校名が出されるのは珍しいのでつい目がいきましたが、プライバシー保護で一時はこうした公表のなかった公立中学が、取材に応じて進学者数を公表したのには、当然とはいえその変化に驚きました。

しかし、そこにはやはり地域の特性が出ていて、三多摩地域の公立中学の都立志向と、23区地域の私立高志向が傾向として認められます。つまり、都立高志向とはいってもやはり、そこには経済的制約が大きいのも事実なのです。

これが就学支援金などの手厚さによって、中所得者にも私学に行っても公立に行っても費用がかからないようになる展望が見えてきましたから、おそらくこういった年収による公立志向、私立志向はうすらいでいくことでしょう。

例えば大学進学実績についていえば都立トップ校では、国公立や早慶への現役進学率は40％くらい、対して私立難関校は、およそ50％以上をキープしています。

高校で受け入れる私立難関校に能力的には進学でき、また、そうした方がライバルがいてよい学習環境だとしても、これまでは3カ年の授業料差を考えて都立トップ校の方に進学する人が圧倒的に多かったことも事実です。それが父母負担の公私間格差の是正によって進学したいところに進学できるようになるとすれば、かなり進学地図が塗り変わることでしょう。

考えてみれば、これはすばらしいことで、税金の出し手である国民、都民からすれば、よりよいサービスが、むしろ安価に（公立の運営は私立の5倍くらいの費用がかかります）できてよいということになります。

よりよいサービスが公立ではなくて私立にある、ということを言っているわけではありません。よりよいサービスを私立と公立とを意識せず選ぶことができる、ということがよりよいサービスだ、と考えているわけです。

そのことによって学校側つまり供給側に競争がおきますから、需要側にとって好ましい事態です。

公私ともに教員を育てるシステムの構築が課題に

とはいえ、このよりよいサービス、あるいはよりよい教育とはなんでしょうか。

昨今の状況から考えると、これは1つに絞ることは難しく、むしろ多様なニーズがあり、多様な個性をその特性に応じて伸ばしていけることだ、といえるでしょう。この点について公私の別はあるべきではないはずです。

都立をはじめとした公立高校が、私立をまねて特色化を強めていったのは何年か前になります。それはそれでよいことですが、授業料に違いがあったわけですから、いわば不公平でした。今後は、ほぼ同じ土俵で比較されますから、学校側のその面での競争条件が同じになることになります。

次に、まだ大きく残る公私間格差は教師の問題です。教師は公立では転勤があり、それがキャリアビルディングになっていますが、私立はずっと同じ職場です。待遇にも違いがあります。

ですが、そのこと自体よりも教員を育てる仕組みが、学校文化、教育文化から、以前よりも失われていることの方が大きな問題といえると思います。

このことの組織的な対応は公私いずれの組織においてもなされなければなりませんが、少なくとも人を育てるのはやはり人ですから、導く指導者がよいのかどうかこそが、最も端的に学校のよさをみるモノサシになることでしょう。

この点で、従来の学校長の人物像はこの10年でもずいぶん変わってきています。いまの都立高校長のタイプは行政マンのタイプが多いのではないでしょうか。

私立でも求められるのは同じですが、さすがに教員あがりが多いためか、マネジメントよりも教育者タイプが多いでしょうか。

これもどちらがよい、ということではなく、マネジメントタイプなら、サポートとして、教師を導くすばらしい教育者を連れてくればよいのですし、教育者タイプならばマネジメントの得意な事務理事が必要でしょう。

中等教育機関はなんといっても人格形成期ですから身近なお手本が必要で、それは保護者にはできないことです。日常的に話し相手になって、親身になって助言する人が必要なのです。

これが意外と難しい。相手は多様なのです。その多様な個性に沿って、助言していくには助言者も通り一遍の考え方、接し方では耳を傾けてくれはしないからです。

例えば英語に多読多聴法という教え方があって、たくさんの英書を耳と目から読んでいって、英語力を培うやり方ですが、生徒の方は自らの好きな分野の本を選べばよいのでイージースタディなのですが、一方で見守る先生は、好きな分野の本を見つけるお手伝いがおもです。その意味では、一見、講義より易しそうですが、じつは、何万語もこなして読めるだけの多読力がなくては十分な授業はできません。これはかなりの専門性を求められます。

助言者の難しさを示す例といえるでしょう。

首都圏私立高校来年度入試変更点

来年度の首都圏私立高校の入試変更点のうち、9月初旬までに判明した項目についてまとめました。
（協力／安田教育研究所）

募集再開

秀明（埼玉・共）男女40名。

高輪（東京・男）

募集停止

京北学園白山（東京・男）

那須海城（栃木・男）2013年度中学高校とも募集中止、在校生が卒業する2016年度末に閉校。

朋優学院（東京・共）普通科美術コース・調理科・デザイン科募集停止。

岩倉（東京・共）商業科・機械科募集停止、普通科・運輸科の2科に。

貞静学園（東京・共）看護医療進学コース募集停止、大学進学コースに統合。

豊島学院（東京・共）文理類型募集停止。

帝京（東京・共）理数コース募集停止。

小松原（埼玉・男）機械科・自動車科募集停止。※2015年度、越谷市に移転予定。

科・コースの改編

神田女学園（東京・女）総合進学コース→進学コースに名称変更。

品川エトワール女子（東京・女）国際コース→国際キャリアコースに名称変更。

自由ヶ丘学園（東京・男）特進コースを選抜進学コースに統合、総合コースを総合進学コースと総合コースに分離。

関東国際（東京・共）普通科理系コースでASクラス・Sクラスの2クラス別募集→クラス分け募集なし、外国語科英語コースでAEクラス・SEクラス・海外大留学クラスの3クラス別募集→英語クラス・海外大留学クラスの2クラス別募集。

戸板女子（東京・女）特進・総進クラス→スーパーイングリッシュ・スーパーサイエンス・本科の3コースに。

宝仙学園（東京・女）特待生・特別進学・総合進学・保育→特待選抜・進学・保育。

帝京（東京・共）文系コース→アスリートコースに名称変更。

千葉明徳（千葉・共）特進40・総合進学（R・Sクラス）240・スポーツ科学70→特進40・進学（大学進学クラス［S］・難関大学進学クラス［HS］）200・アスリート進学70　※すべてのコースに進学の名称付与。

千葉商大付属（千葉・共）選抜進学クラス新設（普通科は特別進学・選抜進学・進学の3クラス）。

柏日体（千葉・共）文理特進コース→アドバンストコース、スポーツコース→アスリートコースに名称変更。

千葉学芸（千葉・共）2年生進級時に公務員コース新設、国際コースは2012年度入学生までで廃止。

文理開成（千葉・共）大学進学コース募集再開。

星野（埼玉・共）共学部に総合教養コース新設（情報処理や財務会計など実業科目を取り入れた総合的コース）。

募集人員の増減

●男子校

自由ヶ丘学園（東京）特進30（推20・般10）→統合、選抜進学60（推30・般30）→40（推20・般20）、新設の総合進学80（推40・般40）、総合180（推85・般95）→150（推75・般75）。

東京学園（東京）選抜60（推25・般35）→募集中止、普220（推100・般120）→280（推140・般140）。

日本学園（東京）特進45（推20・般25）→95（推45・般50）、総進・スポーツ205（推105・般100）→160（推70・般90）※スポーツは推薦のみ。

京華（東京）進学・特進130（推65・般65）→140（推70・般70）、S特進30（推15・般15）→30（推10・般20）。

明法（東京）普［特進・総進］60（推20・般40）→60（推30・般30）。

小松原（埼玉）特進40（推のみ）→同様、進学選抜120（推110・般10）→同様、総合進学［アドバンス・スタンダード］160（推150・般10）→同様、工業［機械・自動車・情報技術］120（推110・般10）→［情報技術］60（推55・般5）。

●女子校

トキワ松学園（東京）普100（特進20・進学30・美術50）→100（コース別定員なし）。

玉川聖学院（東京）普60（推30・般30）→80（推30・般50）。

戸板女子（東京）普120（特進20・総進100）→120（スーパーイングリッシュ60・スーパーサイエンス40・本科20）※推薦50％。

新渡戸文化（東京）キャリアデザイン60・医療系進学25・オンリーワン推薦（2コース計）5→キャリアデザイン60・医療系進学40。

宝仙学園（東京）特待生若干・特別進学20（推10・般10）→特待選抜10（推5・般5）、総合進学30（推15・般15）→進学40（推20・般20）、保育30（推15・般15）→40（推20・般20）。

東京女子学院（東京）普30（推15・般15）→60（推30・般30）。

十文字（東京）スーパー特選20（推10・般10）→30（推15・般15）、選抜30（推15・般15）→40（推20・般20）、進学40（推20・般20）→30（推15・般15）。

川村（東京）普60（推30・般30）→若干（推若干・般若干）。

星美学園（東京）普60（推30・般30）→80（推40・般40）。

北豊島（東京）特進50（推25・般25）→40（推20・般20）、総合50（推25・般25）→40（推20・般20）、国際英語30（推15・般15）→同様

東京純心女子（東京）普40（推20・般20）→60（推30・般30）。

和洋国府台（千葉）普110（特進35・進学75）→120（特進35・進学85）、ファッション30→同様

●共学校

日本工大駒場（東京）特進30（推15・般15）→20（推10・般10）、理数特進30（推15・般15）→20（推10・般10）、総合進学80（推40・般40）→70（推35・般35）、理数工学80（推40・般40）→120（推60・般60）、国際工学40（推20・般20）→30（推15・般15）、機械80（推40・般40）

↓同様、建築40（推20・般20）↓同様、電子情報40（推20・般20）↓同様。
青山学院（東京）普160（推65・般70・帰国25）↓180（推70・般85・帰国25）。
東京都市大等々力（東京）特進選抜70（推35・般35）↓70（推20・般50）。
淑徳巣鴨（東京）アルティメット30↓35、選抜80↓同様、特進私文40↓35、特進120↓同様。
貞静学園（東京）特進30（推15・般15）↓同様、総進70（推35・般35）↓100（推50・般50）、幼保120（推60・般60）↓同様、看医30（推15・般15）↓募集中止。
帝京（東京）普180（推90・般90）↓160（推80・般80）（文理・文理特進・理数・インター・文系↓文理・文理特進・インター・アスリート）。

武蔵野（東京）特進90（推50・般40）↓100（推50・般50）、進学290（推130・般160）↓同様。
岩倉（東京）普通130（S特25・特進35・総進70）↓240（S特30・特進70・総進140）、運輸105↓210、機械70↓募集中止、商業70↓募集中止。
上野学園（東京）特進α20（推10・般10）↓同様、特進β25（推10・般15）↓30（推15・般15）、総進55（推30・般25）↓50（推25・般25）。
修徳（東京）特進30（推15・般15）↓同様、文理選抜70（推35・般35）↓同様、文理進学140（推70・般70）↓160（推80・般80）、健康・スポーツ［男］30（推15・般15）↓統合。
日大三（東京）普150（推50・般100）↓130（推60・般70）。
桜美林（東京）普170（推50・般120）↓160（推40・般120）。
法政大高（東京）普92（推30・般62）↓92（推40・般52）。
大成（東京）募集390↓405。
啓明学園（東京）普40（推20・般20）↓50（推10・般40）。
錦城（東京）特進80（推30・般50）↓同様、普通340（推150・般190）↓340（推120・般220）。
敬愛学園（千葉）特進40（前30・後10）↓80（前75・後5）、進学280（前200・後80）↓240（前225・後15）、人間科学80（前期のみ）↓同様。
千葉明徳（千葉）普350（前320・後30）↓310（前280・後30）。
日大習志野（千葉）普370（前A130・前B170・後70）↓370（前A130・前B180・後60）。
日出学園（千葉）普40（推20・般20）↓60（推30・般30）※前期のみ。

東海大浦安（千葉）普240（前210・後30）↓230（前200・後30）。
専修大松戸（千葉）普256（前226・後30）↓256（前236・後20）。
芝浦工大柏（千葉）普120（前105・後15）↓105（前90・後15）。
流通経済大柏（千葉）普331（Ⅰ類191・Ⅱ類［男］70・Ⅲ類70）↓315（Ⅰ類195・Ⅱ類［男］50・Ⅲ類70）。
二松學舍大柏（千葉）普280（前270・後10）↓210（前205・後5）。
茂原北陵（千葉）普160（前100・後60）↓160（前120・後40）、家政40（前20・後20）↓40（前30・後10）。
早大本庄（埼玉）一般男子170（α選抜55・般115）↓同様、一般女子80（α選抜15・般65）↓80（α選抜20・般60）。

共栄学園高等学校

活力あふれる進学校

■学校説明会（14:00～）
第2回　10月27日（日）
第3回　11月10日（日）
第4回　11月24日（日）
第5回　12月 8 日（日）

■埼玉県対象個別相談会
12月22日(日)10:00～12:00

■学校見学会
10月12日(土)～12月22日(日)
（期間中の土・日・祝 10:00～15:00
開始時間① 10:00～② 11:00～
③ 13:00～④ 14:00～）

モットーは文武両道、知・徳・体が調和した全人的な人間教育を目指す共栄学園高等学校。「活力あふれる進学校」をモットーに、近年、その大学進学実績の優秀さが目立ちます。平成22年度入試では、東京大学合格者を輩出。そして、平成23年度には、千葉大学や東京農工大学はじめとする国公立大学に10名合格するなど、過去最高級の進学実績となりました。

「特進」「普通」の2コース制で着実に歩み確かな夢を実現する

平成21年度、東京大学合格者を輩出した共栄学園高等学校。本年度も、東大合格に匹敵する難関国公立大学の東京工業大学理学部をはじめ、首都大学東京、東京学芸大学などに合格者を出しました。もちろん、東京理科大、明治大学、立教大学、青山学院大学などの難関私立大学にも多数の合格者を出しました。共栄の進学実績は伸び続けているのです。

こうした優秀な進学を可能にしたのが、共栄学園の「特進」「普通」の2コース制。特進コースでは、難関国公立大学や難関私立大学、国公立大学への合格に向けて確かな学力を身につける授業を展開。普通コースでは、有名私立大学合格に向けた授業を展開しています。

特進コースは、次の3つの柱のもと学習が進められているのが特徴です。

〈中高一貫の先取り学習を高校3年間で〉

1・2年次では、週37時間授業を行い、さらに、長期休暇中にも主要科目の授業を行います。これにより、高1で中高一貫生に追いつくことが可能となり、高2で、高校範囲の学習を修了します。

〈浪人生に負けない受験勉強時間を確保〉

1・2年次に先取り学習を終えた結果、3年次では週25時間の必修科目を受けるだけで卒業単位を満たせます。つまり、大学入試に必要な学習に十分な時間を確保できるのです。

8時間の自由選択授業では、大学入試センター試験対策授業を自由に選択することができます。

また、予備校のサテネット講座や、夏休みには18日間の特別講座も実施され、学校で十分な入試対策が可能です。

〈特進コースに、選抜クラスを設置〉

さらに、特進コース生と中高一貫生のなかから成績などを考慮して編成される選抜クラスも設置。最難関国公立大学現役合格を目指し、よりハイレベルな授業が展開されています。

もちろん、普通コースでも深化した学習指導体制のもと、個々の能力を確実に伸ばす授業が行われています。

こうしたきめ細かな大学進学に向けての学習展開が、見事な大学合格実績となって現れています。でも、共栄学園が目指すのはもっと先。さらに大きく強く、生徒の「夢に向かう確かな力」を実現しようとしている共栄学園です。

共栄学園高等学校
東京都葛飾区お花茶屋2－6－1
京成本線「お花茶屋」徒歩3分
電話・03－3601－7136

都立高校入試の基本をおさえよう

都立高校の来年度入試要項が発表されました。入試の日程や仕組みに大きな変更はありませんが、いくつかの大事なポイントがあります。都立入試について、基礎からおさらいしましょう。

安田教育研究所　副代表　平松享

都立入試の基本

《入試区分と試験日》

都立高校の入試には、「推薦」、「一般」、「二次・分割後期」の3つがあります。

「推薦」は、今春から「集団討論・面接」が全校で導入されるなど、大きく変わりました。

「一般」は、「学力検査」の得点と「調査書」の成績を組み合わせて合格者を決めています。**日比谷**や**西**などには、学力検査の得点だけで合格者を決める「特別選考」という制度があります。

「二次・分割後期」では、「一般」の欠員を補う二次募集と、あらかじめ定員を2つに分けて募集する「分割募集」の後期にあたる入試を行います。

来年の検査日は、「推薦」が1月26日（日）～27日（月）、「一般」が2月24日（月）、「二次・分割後期」は3月9日（日）です。「推薦」の検査日は、1日だけで終わる学校があります（現時点では、学校ごとの日程は発表されていません）。

また、これまで3つの検査日は日付が固定されていましたが、来春は「一般」の検査日にあたる23日（日）が、東京マラソンの実施日と重なるため、翌24日（月）に繰り下げられました。東京マラソンには都立高校の生徒がボランティアとして大勢参加しており、さらに報道機関などのヘリの騒音が検査の妨げになる恐れがあるためです。

《出願と志願変更》

出願は「推薦」、「一般」、「二次・分割後期」のそれぞれについて、そのつど、必要書類を受検する学校に直接提出します。

願書は公立中学校なら学校にありますが、私立や他県の中学校などに在籍している生徒が受検する場合は、都の教育委員会から、個人的に取り寄せる必要があります。

多くの中学校では、「推薦」や「一般」の出願日に合わせて、書類作成の締切日を設けています。期限を過ぎると、出願先を変えることが難しくなるケースもありますので、注意が必要です。

ただし、「一般」と「二次・分割後期」募集では、各校の倍率を確かめてから、出願先を変更する「志願変更」の制度があり、これを利用すれば、中学校も対応してくれます。

例えば「一般」の願書受け付けは、来年は2月6日と7日ですが、高校では、その時点でいったん締め切った倍率を公表します。その数字が翌日の朝刊に載りますので、そこで出願を再検討することができます（都教委HPには当日夜にアップされます）。

「志願変更」する場合は、出願した高校に、13日に願書を取り下げに行き、翌14日に、変更先の学校に再提出します。変更にはルールがあり、利用する場合は、必ず学校の先生に相談することが大事です。

また、「一般」では、「推薦」や「海外帰国枠」、都立産業技術高専の合格者が受検することはできません。「二次・分割後期」でも、それまでに合格している生徒には応募資格がありません。

《発表と手続き【表1参照】》

合格発表は、「推薦」が1月31日、「一般」は2月28日、「二次・分割後期」は3月12日で、「推薦」と「一般」では午前9時に、「二次・分割後期」では、正午に合格者の受検番号が学校内に掲示されます。インターネット等での発表はありません。

合格している場合は、入学確約書を提出します。手続き締め切りは、いずれも発表翌日の正午。「推薦」で合格した場合は、必ず入学しなければなりません。「一般」と「二次・分割後期」では、入学を辞退することができます。

【表1】 都立高校入試の日程

推薦	願書受付	1月22日（水）～15時	
	面接・実技	1月26日（日）、一部で27日（月）も	
	合格発表	1月31日（金）午前9時	
	入学手続	1月31日、3日（正午締切）	
一般	願書受付	2月6日（木）、7日（金）（正午締切）	
		取下げ	2月13日（木）～15時
		再提出	2月14日（金）～正午
	学力検査	2月24日（月）	
	合格発表	2月28日（金）午前9時	
	入学手続	2月28日、3月3日（正午締切）	
	★応募倍率の新聞発表（朝刊）…初日分2月7日（金）、2日目締切分8日（土）、再提出後確定15日（土）		
二次募集分割後期	願書受付	3月5日（水）～15時	
		取下げ	3月6日（木）～15時
		再提出	3月7日（金）～正午
	学力検査	3月9日（日）	
	合格発表	3月12日（水）正午	
	入学手続	3月12日、13日（正午締切）	
	★新聞発表…募集人員4日、倍率（取下げ前）6日		

おもな変更点と影響

《推薦》

2013年度から推薦枠の上限が普通科…20%、専門学科…30%（商業…20%）、新しいタイプの学校…30%などと絞られました。ただし、普通科単位制と、併設型中高一貫では、特例として30%までの経過措置がとられていました。

しかし、来春からはそれもなくなります。普通科はエンカレッジスクールを除くすべての学校で上限が20%となり、これに伴って、次の学校が推薦枠を20%に縮小します。

美原、**忍岡**、**大泉桜**、**芦花**、**飛鳥**、**板橋有徳**、**翔陽**、**上水**、**国分寺**（以上、普通科単位制）、**武蔵**、**両国**（以上、併設型中高一貫）。

普通科単位制の**新宿**や**墨田川**、併設型中高一貫の**白鷗**、**大泉**、**富士**はこれまでにすでに20%以下に絞っています。

来春から縮小する学校は「推薦」の倍率が急に高くなる可能性があります。しかし逆に、推薦の定員を少なくしたぶん、一般の定員は増えることになりますから、一般の倍率がダウンする学校が出る可能性があります。

今春から全校で始まった「集団討論・面接」、「小論文または作文」は、来春も継続します。公表された得点分布から見ると、「集団討論・面接」の得点が、合否に影響したことがわかります。調査書（換算9科）で4～5ポイントの開きがあっても、ほかの検査で逆転したケースがあったようです。

配点では、「集団討論・面接」の割合を低く抑える学校がめだっています。それだけ「集団討論・面接」での得点差が大きかったとみられます。上位の学校で「集団討論・面接」のウエイトが高いのは、**日比谷**、**豊多摩**などの33%でしたが、これを25%に変えた学校が多くありました。

《一般入試》

【特別選考】

一般の募集定員の10～20%の範囲で、学力検査の得点だけで合否を決めるなど、特別な仕組みを取り入れた入試のことで、**日比谷**など全日制20校が実施しています。

調査書を用いない学校は**日比谷**、**戸山**、**西**、**立川**、**国立**、**町田**、**北園**、**小松川**、**墨田川**、**両国**の上位校で、このほかに来春から、**雪谷**が実施します。また昨年まで実施していた**国分寺**が、来春から廃止します。

【検査問題のグループ作成】

来春から、進学指導重点校（表2の自校グループ「A」）、進学重視型単位制（同「B」）、併設型中高一貫（同「C」）の各校は、国数英の学力検査問題をグループごとに作成します。このうち「A」と「B」では、問題の一部を学校独自の問題と差し替えることがありますが、「C」では差し替えません（**国際**は英語のみ自校作成。グループ校も社会、理科は共通問題を使用）。

どんな形で、どの程度、問題を差し替えるかは、未発表です。ある進学指導重点校の校長先生は「いままでのように、問題に学校の特徴を出しにくくなった。半分程度、差し替えをしてよいことになっている。実際どのくらい差し替えるかは、試験日まで発表はない。差し替え以外にも、各校の特徴が出るよう工夫して作問している」と話しています。

来春の入試ではこのグループ作成が最も注目されそうです。なお、一般入試は再来年から大幅に変更される予定で現在検討委員会が議論を続けています。

【表2】 2014年度都立入試要綱

地区	学校の種別・学科タイプ・指定	学校名	推薦入試 定員枠	満点 調査書	満点 集団討論・個人面接	満点 作文・小論文・実技等	文化スポーツ特別推薦	一般入試 学力対内申	科目数等	特別選考%	分割募集	男女緩和	前年受検倍率 男子	前年受検倍率 女子
旧1学区	進学指導重点校	日比谷	20%	450	300	小 150		7：3	5③A	10			2.34	1.98
	進学指導特別推進校	小山台	20%	450	200	小 250		7：3	5				1.35	1.49
	進学指導推進校	三田	20%	300	150	小 150		7：3	5				1.85	2.21
		雪谷	20%	400	200	作 200	○	7：3	5	*10		×	1.36	1.30
旧2学区	進学指導重点校	戸山	20%	400	200	小 200		7：3	5③A	10			2.27	1.59
	進学指導重点校	青山	10%	450	150	小 300		7：3	5③A				1.76	1.76
	進学指導特別推進校	駒場	20%	360	180	作 180		7：3	5				2.02	1.96
		目黒	20%	450	200	作 250		7：3	5				1.45	1.92
	進学指導特別推進校・単位制	新宿	10%	450	180	小 270		7：3	5③傾B			合同	2.15	
	進学指導特別推進校	国際	30%	500	200	小 300		7：3	3①集面			合同	3.09	
旧3学区	進学指導重点校	西	20%	360	240	作 300		7：3	5③A	10			1.86	1.61
	併設型中高一貫	大泉	20%	450	250	作 200		7：3	5③C				1.52	1.10
	併設型中高一貫	富士	20%	450	200	作 250	○	7：3	5③C				1.94	1.19
	進学指導推進校	豊多摩	20%	450	300	作 150	○	7：3	5				1.73	1.71
		井草	20%	500	200	小 300		7：3	5	10		◎	1.41	1.50
旧4学区	進学指導推進校	竹早	20%	500	250	作 250		7：3	5				1.43	1.63
	進学指導推進校	北園	20%	500	*250	作 *250		7：3	5	10		×	1.89	2.08
		文京	20%	300	150	作 150	○	7：3	5			○	1.50	1.99
旧5学区	併設型中高一貫	白鷗	20%	500	300	作 200		7：3	5③C				1.68	1.42
		上野	20%	500	300	作 200	○	7：3	5	10			1.36	1.52
	進学指導推進校	江北	20%	450	150	作 300		7：3	5				1.29	1.14
旧6学区	併設型中高一貫	両国	*20%	500	*250	小 *250		7：3	5③C	10			1.78	1.41
	進学指導推進校	小松川	20%	500	250	作 250		7：3	5	10			1.37	1.20
	進学指導推進校	城東	20%	400	200	小 200	○	7：3	5				1.61	1.40
	進学指導推進校	江戸川	20%	*400	200	作 *200	○	7：3	5			○	1.51	1.58
	進学指導推進校・単位制	墨田川	20%	200	100	小 100	○	7：3	5③B	10		合同	1.62	
	科学技術科	科学技術	30%	500	300	実 200	○	7：3	5傾			合同	1.21	
旧7学区	進学指導重点校	八王子東	20%	500	200	小 300		7：3	5③A				1.38	1.24
	進学指導特別推進校	町田	20%	450	*225	小 *225		7：3	5	10			1.77	1.78
	進学指導推進校	日野台	20%	450	225	作 225		7：3	5				1.59	1.47
	単位制	翔陽	*20%	500	300	作 200		7：3	5	10		合同	1.27	
旧8学区	進学指導重点校	立川	20%	500	200	小 300		7：3	5③A	10			1.66	1.48
		昭和	20%	450	300	作 150		7：3	5				1.41	1.60
旧9学区	併設型中高一貫	武蔵	*20%	500	200	小 300		7：3	5③C				1.48	1.33
	進学指導推進校	武蔵野北	20%	450	225	作 225		7：3	5	10			1.76	1.98
	進学指導推進校	小金井北	20%	500	250	小 250		7：3	5				1.89	2.10
	進学指導特別推進校・単位制	国分寺	*20%	*400	200	*小 200		7：3	5③傾B			合同	2.01	
	科学技術科	多摩科学技術	30%	500	300	実 200	○	7：3	5傾			合同	2.01	
旧10学区	進学指導重点校	国立	20%	500	200	小 300		7：3	5③A	10			1.95	1.93
	進学指導推進校	調布北	20%	500	250	作 250		7：3	5				1.70	1.74
		狛江	20%	450	250	作 200	○	7：3	5			○	1.41	1.75
		神代	20%	450	300	作 150		7：3	5			○	1.32	1.62

＊は変更あり、◎は来年度新規導入、×は廃止する制度。推薦入試の「小」は小論文、「作」は作文、「実」は実技。一般入試の「集面」は集団面接、「傾」は傾斜配点、「③」は３科自校作成問題（国際は英語のみ）、グループ作成は、A…進学指導重点校、B…進学重視型単位制、C…併設型中高一貫の３つ。「合同」は男女合同選抜。

Basic Lecture

高校入試の基礎知識

模擬試験を受けよう
模擬試験の「なぜ」と「効用」
結果を利用する姿勢が大切

受験学年のみなさんは、もう模擬試験を受けてみましたか。模擬試験を受けることによって、受験生が最終目標を達成するためのさまざまなメリットを得ることができます。今回は、そんな模擬試験をうまく利用することによって、さらに前進するにはどうしたらよいかを考えます。

自分の位置を知るために模擬試験は必ず受けたい

現在、公立中学校の通知表の評定は「絶対評価」と呼ばれる方法をとっています。

その生徒自身の到達度などを見ながら、ほかの生徒とは比べることなく1～5（または1～10）までの評価をしていくわけです。

お父さま、お母さまは覚えておられるでしょうが、以前の公立中学校での成績の出し方は、「相対評価」と呼ばれる方法でした。評価の1～5（または1～10）まで、それぞれの評価に、対象とされる同学年の生徒のうちのどれぐらいの数を割り振るか、その割合が、あらかじめ決まっていたのです。

例えば、「5」の評価がつくのは上位7％の生徒と決まっていましたが、その枠が取り払われた現在の「絶対評価」では、もっと多くの生徒が「5」になる傾向が見られます。

学校の先生によっては「5」を大量生産することもできるこの評価方法では、その生徒の評価が妥当なものであったとしても、その成績が中学校の同学年の生徒全体のどの位置にあるのか、また、高校受験をする同学年の生徒全体のなかではいったいどの位置にいるのかは、まったくわからないのが実状です。

では、実際に高校を受験するときにはどうなるのでしょうか。

入試は、「何点以上なら合格」という絶対評価ではなく、「上位から何人まで」という相対評価で合格が決まります。募集定員という数字がある以上、これは当然のことです。

通知表に5や4が多く並んでいるからと安心していたら、志望校に不合格、といった不測の事態が起きてしまいます。「オール5」だからといっても安心はできません。

東京都立のある進学指導重点校では受験生のほとんどが「オール5」だったという話さえあります。

自分の弱点を知るために その結果を利用しよう

　さて、今回のテーマである「模擬試験」で使われている評価方法は相対評価です。

　同じ生徒の評価を、学校の通知表の評定と模擬試験の相対評価で比べてみると、学校の評定ほどではないことがよくあります。学校の通知表（絶対評価）では「オール5」の生徒も、模擬試験の結果で、かつての相対評価の方法で評価したら、少なくとも模擬試験であつかう主要5教科では「オール5はありえない」ということがほとんどです。

　ですから、自らの真の学力を知りたかったら、また、志望校に対する自らの学力目標を決めたかったら、模擬試験を受けるのがベストといえます。年に数回は実施される模擬試験。検定料といっても1回４０００～５０００円程度ですから、これを逃す手はありません。

　高校受験においては、業者テストの廃止の影響で、大規模な模擬試験は行えなくなったといわれていますが、「W合格もぎ」「Vもぎ」「北辰テスト」「都立もぎ」など、合格判定の材料として模試は根強く利用されています。2学期になれば、1つの模擬試験に2万人以上が集まります。

　高校受験用の模擬試験では、試験で測られた学力を偏差値あるいは得点として算出し、送り返してきます。また、試験の正答率も公表されますので、自分の弱点もわかります。

　さらに、算出した偏差値を基にして志望校への合格可能性も示してくれます。

　また、内申点が必要な学校については、その内申も加味しての判定になりますので、試験前に記入する内申データに正確な数値が書き込めるよう準備しておきましょう。

　それに関連して、模擬試験の返却で示された偏差値を基に、さらに他の併願校を探そうというときの注意点があります。多くの出版社が、「高校受験案内」「高校進学情報」などのガイドブックを発刊していますが、その多くは学校の学力偏差値のみを合格基準として掲載しています。つまり、内申点については、受験生自身が増減換算して計算しなければならないということです。現在では「内申点が高い場合」「低い場合」に対応した合否規準を載せているガイドブックも出てきましたが、内申点の換算をするには大雑把であいまいなため、注意が必要です。

苦手分野を得意分野に 数回受けてこその模試

　さて、「模擬試験は自分の実力を計るためのものだから、一度受ければよいのでは」といった質問を受けることがあります。「模擬試験で出た偏差値に合わせた学校を受けるのだから1度で十分なのでは」というわけです。

　その答えはＮＯです。模擬試験は効果の高い学習機会でもあるからです。模擬試験を受けている時間は、普段の学習よりはるかに高い集中力をもって問題に取り組んでいます。そのぶん、問題の内容や解答への過程も強く印象に残っています。これを、学習の一環として活用しない手はありません。

　模擬試験の印象が薄れないうちに復習をしておくのです。記憶の新しいうちに、自己採点し、学び直しをしておきましょう。

　自己採点の目的は、実力がどこまで発揮できたかを確認し、今後の学習に必要な課題を見つけることです。あとで、模擬試験の結果が返却されてきたときに、その自己採点の結果とを見比べてみてください。そのときに、自分の解答過程を忘れてしまっていたのでは意味がありません。ですから、自己採点は、すぐにやっておいた方がよいのです。

　模擬試験は、このように学習の機会でもあるのですから、数回は受験して不得意分野を修正し自分のものにしてしまいましょう。

　さらに重要なことは、1度の模擬試験では本当の実力は計れないということです。模擬試験の結果示される偏差値は、どうしても上下します。得意範囲が出題されることもあれば、見たこともない問題に出会うこともあるから当然です。ですから、5回、6回と受けて、その平均を自分の実力と考えた方が間違いがないのです。

　自己採点で知る自らの弱点の克服が進んでいけば、模擬試験での偏差値はあがっていきます。

　志望校の合格を大きな目標到達点とするならば、模擬試験は1つの区切り、自分を振り返るよい機会であり、次へのスプリングボードなのです。

9月号の答えと解説

問題

論理パズル

A～Fの6つの缶があり、そのうち3つには赤色のペンキが、残りの3つには青色のペンキが入っています。

AとBの缶のペンキを混ぜても色は変わりませんが、CとDとEの缶のペンキを混ぜると色が紫色に変わります。また、DとEとFの缶のペンキを混ぜても色が紫色に変わります。
このとき、確実に正しいと言えるのは、次のうちどれでしょう。

ア　CとEの缶のペンキを混ぜても色は変化しない。

イ　BとFの缶のペンキを混ぜると色は変化する。

ウ　AとEの缶のペンキを混ぜても色は変化しない。

エ　CとDの缶のペンキを混ぜると色は変化する。

解答　イ

解説

初めの条件から、AとBは同じ色ということがわかりますから、Aの缶のペンキと同じ色を○、Aの缶のペンキと異なる色を×とすると、C～Fに○は１つだけです。

CやFが○だと、２番目または３番目の条件を満たさなくなります。よって、A～Fの缶のペンキの色の組み合わせは下の２通りに限られます。

A	B	C	D	E	F
○	○	×	○	×	×
○	○	×	×	○	×

上の表より、確実に正しいと言えるのは、イだけとわかります。

中学生のための 学習パズル

今月号の問題

歴史スケルトンパズル

鎌倉時代から江戸時代に活躍した人物をリストに集めました。これらの人物名をひらがなでマス目に→、↓の方向にうまく当てはめてください。最後にA～Hに入る文字を順につなぐと現れる人物に、最も関係の深いものは、次のア～ウのうちどれでしょう？

ア　関東管領　　**イ**　執権　　**ウ**　大老

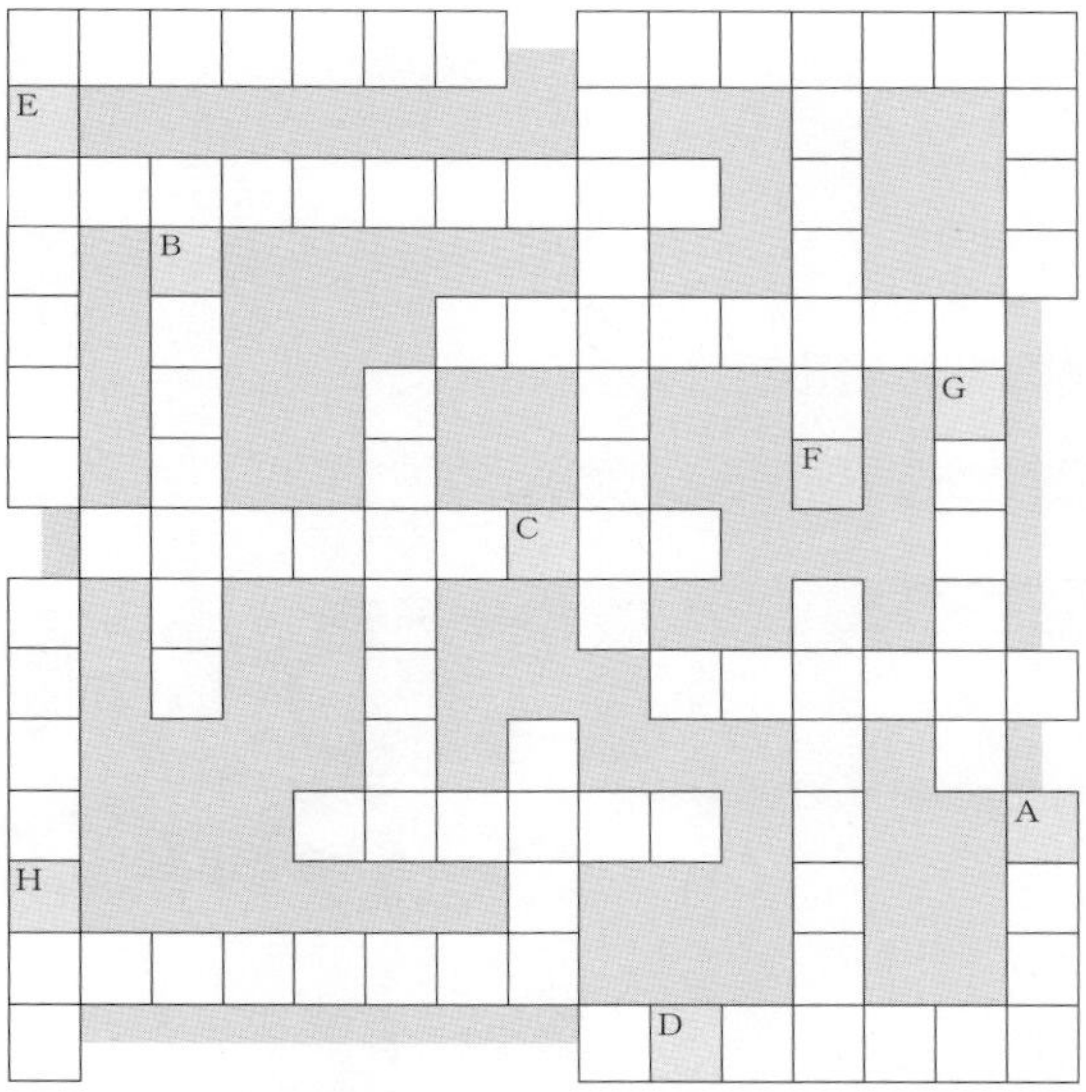

【人物リスト】

〔4文字〕	加藤清正
運慶	狩野探幽
一遍	高山右近
日蓮	水野忠邦
〔6文字〕	**〔8文字〕**
織田信長	高野長英
土佐光起	前野良沢
〔7文字〕	吉田松陰
青木昆陽	**〔9文字〕**
明智光秀	北条泰時
新井白石	源頼朝
石田三成	**〔10文字〕**
荻生徂徠	近松門左衛門

9月号学習パズル当選者

全正解者21名

★松永　地洋さん（千葉県千葉市・中3）
★浜田　博美さん（神奈川県横浜市・中2）
★林　加奈子さん（東京都目黒区・中1）

応募方法

●必須記入事項

01　クイズの答え
02　住所
03　氏名（フリガナ）
04　学年
05　年齢
06　右のアンケート解答
「スヌーピー展」（詳細は94ページ）の招待券をご希望の方は、「スヌーピー展招待券希望」と明記してください。

◎すべての項目にお答えのうえ、ご応募ください。
◎ハガキ・ＦＡＸ・e-mailのいずれかでご応募ください。
◎正解者のなかから抽選で３名の方に図書カードをプレゼントいたします。
◎当選者の発表は本誌2014年1月号誌上の予定です。

●下記のアンケートにお答えください。

A今月号でおもしろかった記事とその理由
B今後、特集してほしい企画
C今後、取り上げてほしい高校など
Dその他、本誌をお読みになっての感想

◆2013年11月15日（当日消印有効）

◆あて先
〒101-0047　東京都千代田区内神田2-4-2
グローバル教育出版　サクセス編集室
FAX：03-5939-6014
e-mail:success15@g-ap.com

十《じゅう》文《もん》字《じ》高等学校

東京都豊島区北大塚1-10-33
JR山手線・都営三田線「巣鴨」・JR山手線「大塚」徒歩5分
TEL　03-3918-0511
URL　http://js.jumonji-u.ac.jp/

入試説明会・個別相談会

10月26日（土）　14:00～16:00
11月９日（土）　14:00～16:00
11月23日（土・祝）14:00～16:00
12月７日（土）　14:00～16:00

個別相談会

10:00～16:00　時間内随時個別対応
11月14日（木）
12月23日（月・祝）
１月６日（月）

入試日程

推薦入試　１月22日（水）
　　　　　１月25日（土）
一般入試　２月10日（月）

問題

下の図の直線①，②は，それぞれ$y=2x-12$，$y=\frac{1}{2}x$のグラフである。①とx軸との交点をA，①と②との交点をBとするとき，次の問いに答えよ。

(1) 点Bの座標を求めよ。

(2) 線分OA上に点Pをとり，y軸と平行で点Pを通る直線と直線②との交点をQとする。また，四角形APQRが長方形になるように点Rをとる。四角形APQRが△OABの面積の$\frac{1}{3}$になるとき，点Pのx座標を求めよ。

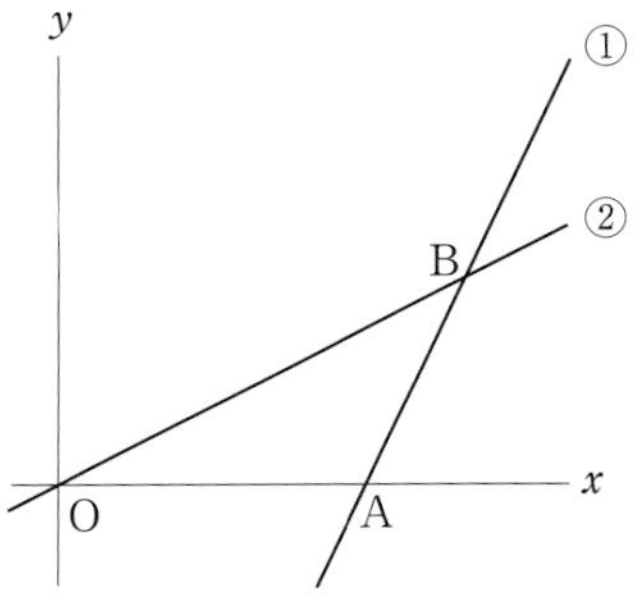

解答　(1) B (8, 4)　(2) 2, 4

法《ほう》政《せい》大《だい》学《がく》第《だい》二《に》高等学校

神奈川県川崎市中原区木月大町6-1
東急東横線・東急目黒線「武蔵小杉(南口)」徒歩10分、JR南武線「武蔵小杉」徒歩12分、JR横須賀線「武蔵小杉」徒歩15分
TEL　044-711-4321
URL　http://www.hosei2.ed.jp/

問題

１辺の長さが１cmの正五角形ABCDEとその外接円Oについて，次の問いに答えなさい。

問１．線分ADと線分CEの交点をFとするとき，∠AFEの大きさを求めなさい。

問２．線分ACの長さを求めなさい。

問３．外接円の半径をrとするとき，r^2の値を求めなさい。

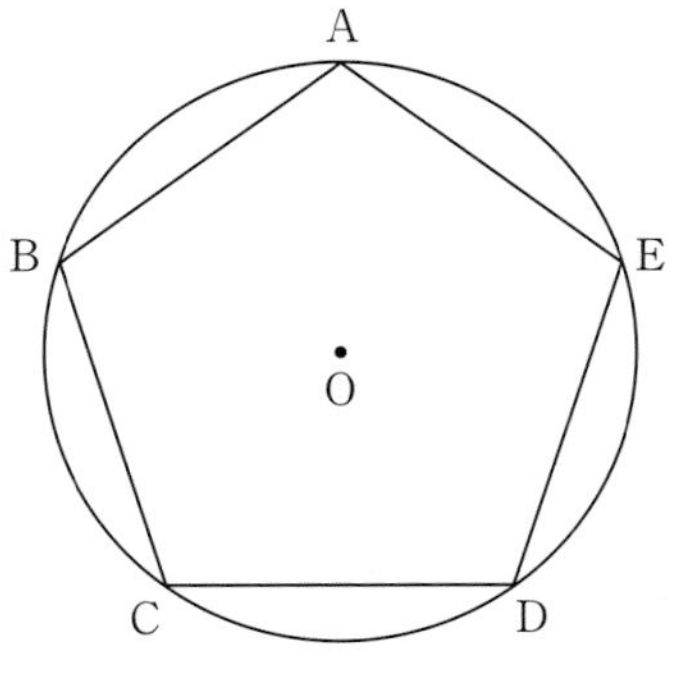

解答　問１　72°　問２　$\frac{1+\sqrt{5}}{2}$cm　問３　$\frac{5+\sqrt{5}}{10}$

私立高校の入試問題に

明治《めいじ》大学《だいがく》付属《ふぞく》中野《なかの》高等学校

東京都中野区東中野3-3-4

JR中央線・総武線・都営大江戸線「東中野」徒歩5分

TEL　03-3362-8704

URL　http://www.meinaka.jp/

問題

放物線 $y=x^2$ 上の点A，B，Cの x 座標がそれぞれ -1，2，-3 であり，Dは線分CBの3等分点のうちCに近い方の点です。点Eは線分CA上にあり△CDEの面積が3のとき，次の問いに答えなさい。

(1) △ABCの面積を求めなさい。

(2) Eの座標を求めなさい。

(3) 線分CB上に点Fを四角形ABDEと△ABFの面積が等しくなるようにとります。Fの座標を求めなさい。

(4) 傾き1の直線が四角形ABDEの面積を2等分するとき，この直線と直線ACの交点の座標を求めなさい。

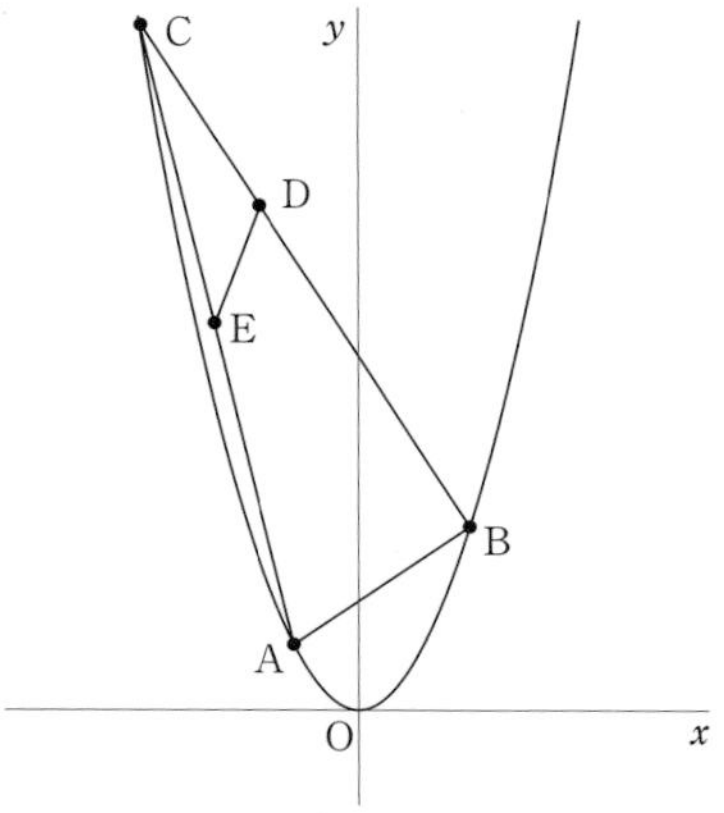

解答　(1) 15　(2) $\left(-\frac{9}{5}, \frac{21}{5}\right)$　(3) $(-2, 8)$　(4) $\left(-3+\frac{2\sqrt{15}}{5}, 9-\frac{8\sqrt{15}}{5}\right)$

聖徳《せいとく》大学《だいがく》附属《ふぞく》女子《じょし》高等学校

千葉県松戸市秋山600

北総線「北国分」・「秋山」徒歩10分、JR常磐線「松戸」・総武線「市川」・京成線「市川真間」バス

TEL　047-392-8111

URL　http://www.seitoku.jp/highschool/

問題

右の図で，立体ABCD－EFGHは，AB＝8㎝，AD＝8㎝，AE＝6㎝の直方体です。頂点Eから3点A，F，Hをふくむ平面にひいた垂線と，この平面との交点をPとします。このとき，次の各問いに答えなさい。

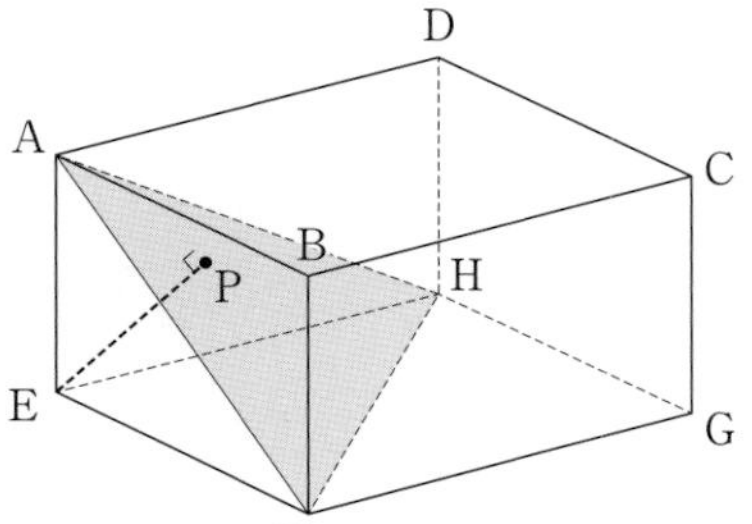

(1) 線分AGの長さは何㎝ですか。

(2) 立体AEFHの体積は何㎤ですか。

(3) 線分EPの長さは何㎝ですか。

学校説明会

10月20日（日）9:30～
11月10日（日）9:30～
12月８日（日）9:30～

解答　(1) $2\sqrt{41}$㎝　(2) 64㎤　(3) $\frac{12\sqrt{34}}{17}$㎝

お便りコーナー

サクセス広場

一番好きな学校行事は?

入学式! 今年は自分が入学したので緊張したけど、来年自分の後輩が入学してくるのが楽しみ！
（中１・春爛漫さん）

年に１度の**マラソン大会**です。足は速くないけど持久走には自信あり。普段の運動では負ける同級生たちに今年も勝つ！
（中３・文化系ですけどなにか？さん）

体育祭です。憧れの先輩にたすきを渡すために係に立候補しました。もちろん先輩は１等賞でした！
（中２・運動音痴だけどさん）

林間学校です！　山登りは大変だったけど、クラスのみんなと２泊３日いっしょに過ごせて、なんか青春って感じでした！
（中３・受験時代さん）

私の中学には英語の**スピーチコンテスト**があります。私、普段は口下手なんですけど、英語は結構いけるんですよ。だから好きです。
（中３・エイゴリアンさん）

合唱コンクールが好き。去年は惜しくも銀賞だったから、今年は金賞めざしてみんなで頑張ってます！
（中３・ラララさん）

我が家のユニークな習慣

お弁当がお弁当箱でなく**タッパー**です！　タッパーだと煮物などが入れやすいからです！
（中１・ゆいゆいさん）

我が家は年に２回、必ず一家そろって**座禅**を組みにお寺に行きます。友だちにはめっちゃ珍しがられますけど、もう慣れているので全然苦じゃないです。
（中２・座禅ボーイさん）

家に帰ったら手だけじゃなくて**足**も洗います。足の方が汚い気がしませんか？
（中１・A.Fさん）

テレビのチャンネル争いは、毎回**じゃんけん**で決めてます。歳に関係なく平等に決定権が与えられるので、小学生の妹が勝つときもあって、みんなでアニメを見たりもします。
（中２・デジタルさん）

夏はとにかく**氷**を使う我が家。飲みものにはもちろん､氷枕を作ったり、そのまま食べたり、とにかく暑いときは氷を使います。そのせいで冷凍庫は氷でいっぱいです（笑）。
（中３・ひえーさん）

10年後、なにしてる?

もう**大学は卒業**しているはずですが、まだだったらどうしよう…。
（中３・T.Sさん）

外国に留学してる！　行きたい国はたくさんあるから大学生のうちからいろいろな国に留学して、大学を卒業してからもいろいろな国に行って、５カ国語くらいしゃべれるようになっていたい！（中３・ぺらぺらさん）

ラーメン屋で修行中かな。自分の店を持つためにつらい修行に耐えてると思うな〜。頑張れ自分！
（中２・つけめんさん）

海外旅行をたくさんして、外国人の彼氏と大恋愛中。そして国際結婚！
いまから英語頑張るぞ！
（中２・E.Fさん）

宝くじで**1等を当てて**億万長者の仲間入りをして、毎日リッチな生活を満喫…！　というのは夢のまた夢です。
（中２・サマージャンボさん）

募集中のテーマ

「休み時間の過ごし方」
「自分が成長したなと思うとき」
「あなたの元気のもとは?」

応募〆切 2013年11月15日

必須記入事項

A／テーマ、その理由　B／住所　C／氏名
D／学年　E／ご意見、ご感想など

ハガキ、FAX、メールを下記までどしどしお寄せください!
住所・氏名は正しく書いてください!!
ペンネームは氏名のうしろに(　)で書いてネ!
【例】サク山太郎（サクちゃん）

あて先

〒101-0047　東京都千代田区内神田2-4-2
グローバル教育出版　サクセス編集室
FAX:03-5939-6014　e-mail:success15@g-ap.com

ここにメールしてね!!

success15

ケータイから上のQRコードを読み取り、メールすることもできます。

掲載されたかたには抽選で図書カードをお届けします!

掲載にあたり一部文章を整理することもございます。個人情報については、図書カードのお届けにのみ使用し、その他の目的では使用いたしません。

～サクセス18のご紹介～

サクセス18は早稲田アカデミーが
創った現役生難関大受験専門塾です。

2013年 大学入試実績

東京大学 55名合格

過去最高数更新!!

早慶上智大 522名合格!

昨年比52%アップ!!

GMARCH理科大 769名合格!

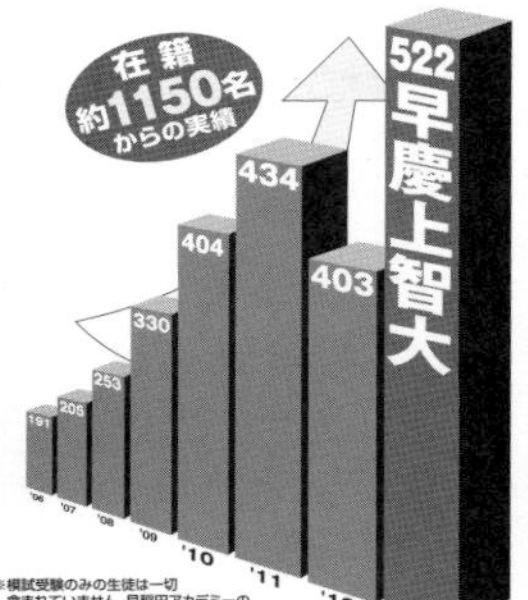

※模試受験のみの生徒は一切含まれていません。早稲田アカデミーの平常授業または特別クラス・夏期・冬期東大合宿に在籍し、授業に参加された方のみを対象としております。

京都大・東工大・一橋大・東京外大	難関国立大	早稲田	慶應義塾	上智
36名合格	60名合格	234名合格	123名合格	165名合格

明治	青山学院	立教	中央	学習院	法政	東京理科
161名合格	84名合格	136名合格	115名合格	45名合格	110名合格	118名合格

東京大学［理科Ⅰ類］合格

早稲田大学［先進理工学部］

石川 晃寛（国立筑波大附属駒場高校）

僕の早稲アカ記

僕が、サクセス18に通い始めたのは高2の春でした。理由は、中学校1年生から3年生まで早稲田アカデミーに在籍していて、独特の雰囲気に慣れ親しんでいたからです。実際に授業を受けてみると、先生の厳しく時には優しい指導や共に授業を受ける仲間と競い合いながら切磋琢磨していく早稲アカならではの雰囲気にどこか懐かしさを覚えたのでした。通っていく中で気づいた早稲アカの良さは、まず、先生の授業内容です。体系づけられた知識をどの教科の先生も丁寧に教えてくれたので、頭の中で整理された知識が身に付きました。それによって培われた基礎は受験への大きな武器になったと思います。もう一つの良さは、やはり仲間の存在です。早稲アカでは学期ごとのシニアテストや、クラス選抜テストなど仲間との競争意識を刺激する機会が多くあり、負けず嫌いの僕としてはそれだけで勉強への意欲が増したように思います。特に、受験直前の東大必勝模試では仲間の中での自分の位置が分かるというのは時には大きな自信、時には努力への契機へとつながりました。そんな多くの人との出会いへと導いてくれた早稲アカによって、この度僕は念願の志望校に合格することができました。本当に早稲アカに通っていてよかったです。ありがとうございました。

東京大学［理科Ⅰ類］合格

慶應義塾大学［理工学部］、早稲田大学［先進理工学部］、上智大学［理工学部］、東京理科大学［理学部］

村松 美夏（国立学芸大附属高校）

早稲アカでよかった!!

私が早稲アカに入ったのは始めは家から近い、というのが動機でした。しかし、入ってみると家から近い以上に早稲アカを選ぶ理由があったことが分かりました。先生たちは話しやすい方ばかりで、授業もちょうどいい人数で、分からないところもその場で聞くことが出来る、目の届きやすい塾だと思います。普段から「調子はどう?」などの声かけもしてくれて頑張るぞ!という気がどんどん湧いてきました。早稲アカはイベントも多く、夏合宿と冬の東大合宿では周りの皆のレベルが高くてこのままではダメだ、という危機感を持つと共に目標が身近に出来ました。直前期の東大テストゼミでは、4週間連続で本番と同じ時間感覚を養ったり、試験問題の中から解けそうなものを吟味する力をつけたりできました。ですが、私は吟味が上手くできず数学でありえない点数を取って不安になったのですが、東大では総合点勝負なので他でカバーできればいい、と開き直ることを学んだことが大きく、本番でも大失敗をしたのですが、総合点勝負だと開き直ることで合格への道が開けたような気がします。失敗してもすぐ切り替えることが大切だと思います。最後になりましたが、今まで支えてくれた両親、先生たち、友人たちにこの場を借りて感謝します。本当にありがとうございました。

東京大学［文科Ⅱ類］合格

早稲田大学［政治経済学部・国際教養学部］、国際基督教大学［アーツサイエンス学部］

金子 萌（私立桜蔭高校）

私の成功要因

私は中学受験の時に早稲アカに通っていたこともあり、高校1年生の冬に体験授業を受け、先生との距離の近さ、アットホームな雰囲気が気に入ってすぐに入塾を決めました。高1、2の間は定期的に目標を定め、F.I.T.を利用して弱点を克服し、英数の基礎固めを行いました。F.I.T.のプリントで自分に必要な部分をピックアップして学び、英数の成績をある程度のレベルまで引き上げられたことが大きなアドバンテージになりました。世界史の授業では、宮林先生の授業中の発問や演習で早い時期から知識を入れることが出来ました。高3になってからは、授業の他に東大必勝講座を受けました。佐野先生の授業では論述に必要な世界史の見方を教えてくださり、1年間通じて受講することで、最終的には世界史の流れが捉えられるようになりました。必勝講座では毎回添削をしてくださり、答案作成力を上げることができました。冬の東大合宿では、夜遅くまで授業添削をしてくださる先生方の姿を見て「私も頑張らなければ」と自分を奮い立たせることができました。直前特講、テストゼミでは丁寧な採点で、合格への大きな指針となりました。また、切磋琢磨しあえる仲間に出会え、刺激を受けることが出来ました。振り返ってみれば、私の受験生活はサクセス18に全面的に支えられていました。高1のあの日、入塾を決めたことが最大の成功要因です。

京都大学［経済学部］合格

慶應義塾大学［経済学部・商学部］、国際基督教大学［教養学部］、上智大学［経済学部］

槇原 耕明（私立武蔵高校）

中3からの通塾で京都大合格!

自分は、中三からサクセス18に通ってましたが、野球部に没頭していたため、高三の七月に部活動を引退してから、本格的に受験勉強を始めました。他の受験生に比べて基礎力が不足していた自分に、先生方は細やかなアドバイスも与えてくださり、感覚に頼って解いていたため出来不出来のムラがあった成績が、安定するようになりました。直前期には記述答案の添削指導を受け、記述力も養うことができました。半年程度の極めて短い時間での合格は、一人一人に親身になって指導するサクセス18だからこそ勝ち取れたものだと思います。先生方には、人一倍面倒をかけたと思いますが、最後まで指導してくださってありがとうございました。また、事務、アシストスタッフの皆さま、早稲アカで知り合えた友人達、声援をくださったファンの皆さまにも感謝したいと思います、ありがとうございました。

一橋大学［法学部］合格

慶應義塾大学［商学部］

本郷 聡史（私立開成高校）

早稲アカにきてよかった!

受験を終えて、私が一番思うことは、受験において重要なことは、受験勉強をなるべく、できるだけ早くはじめることです。私は高校受験を終えてから高1、2まで、本当に一分も勉強せず、ずっと遊んでいました。高3になり受験勉強がはじまり、まず、私は、勉強の習慣をつけることに大変苦労しました。それだけで、受験ではライバルにおくれをとってしまいます。これを読んだ後輩の皆さんは、高1、2のうちに、どんなに短くてもいいので、机に向かい勉強する習慣をつけたほうがいいと思います。後輩のみなさんがんばってください。次に塾での思い出は、なんといっても、夏合宿です。後輩のみなさんは、早稲アカの合宿に対して、きびしそう、つらそうといった、ネガティブなイメージを抱いているかもしれません。実際、私も、合宿に行くまでは、そう思っていました。しかし、そう思っている人々こそ合宿に行くべきです。先生方の熱い指導や、ライバルたちと切磋琢磨することは、後輩のみなさんの第一志望校の合格をきっと導いてくれるでしょう。後輩のみなさんも、今から勉強を始めれば、かならず、合格できるので、是非がんばってください。

早稲田大学［創造理工学部］合格

早稲田大学［商学部］、慶應義塾大学［経済学部・総合政策学部］、上智大学［理工学部］、青山学院大学［理工学部］、法政大学［理工学部］

五井 友梨奈（私立鷗友学園女子高校）

受験で学び後輩にアドバイスしたいこと

理系、文系に関係なくまず英語が重要になってくると思います。文系は言わずもがなですが、理系も英語があまり出来ないで合格するのは難しいと感じました。しかし、高三になると数学と理科を勉強するのに手一杯となり、英語に割ける時間はとても少なくなるので高三になる前に英語は仕上げるのが理想的だと思いました。また受験期に安定して勉強する為には高一、高二での断続した勉強が必要だと思います。定期テストの一、二週間前だけでも良いので赤点とらなければいいやなどの姿勢ではなく、しっかりと勉強すべきです。高三の冬の最後から受験が始まるまでの期間なんとなく勉強に手がつかなくなるときがありました。高三になると皆勉強するので偏差値はあまり伸びないし、そうすると精神的にきつくなってくると思います。あとは全教科をバランスよく並行して勉強することも大切です。自分の苦手な教科や範囲を把握してそこを重点的に勉強し、また他教科にも手をつけておく必要があるのできちんと考えて勉強した方が良いと思います。上記三つのことを書きましたがあくまで私的な意見のため、参考程度にしてください。最後に数学についてとにかく難しい問題でなくていいから解きまくることが良いと感じました。私は青チャートを解きまくってるときが一番力がついたと思います。しかし、難しい問題をじっくり自分だけで根元から理解することも必要だと思うのでそれもバランスをとって勉強することをオススメします。

慶應義塾大学［薬学部］合格

東京理科大学［薬学部］、星薬科大学［薬学部］、北里大学［薬学部］

渡部 佑樹（私立日本大学第二高校）

刺激を得られる環境

入塾した高2の頃は、偏差値は高いものではなく一番基礎のクラスからのスタートでした。慶應など本当に合格できるのかと不安になることもありましたが、今振り返ると、ある程度楽観的になって「大丈夫だろう」と考えるのも大事なことだなと思います。ただ、高3になって自信が持てるほどの成績を取れるようになって余裕が出てきた時には、化学の先生に「結果が全てだぞ」と言われ、また自分の気持ちを改めて引き締めることができました。このような、普段は優しい先生方からの厳しい言葉も自分の力の原点となっています。また、直前期には数学がなかなか上手くいかないようになった時も、解決策を教えて頂いたり、「自分の実力を信じろ」というアドバイスを頂いたりしたので、安心して受験に立ち向かうことができました。受験勉強を開始してからの間、意識の高い友人と協力し合ったり、信頼できるアシストや先生方からのアドバイスを受けたりと充実した日々を送ることができ悔いなく受験を終えることができました。そのような勉強以外でも刺激を受けられる環境で油断なく学習に取り組めたことが合格につながったと思います。本当にありがとうございました。

上智大学［理工学部］合格

明治大学［総合数理学部］、青山学院大学［理工学部］、法政大学［情報科学部］、日本大学［文理学部］、立命館大学［情報理工学部］、成蹊大学［理工学部］

黒木 麻衣（私立鷗友学園女子高校）

受験を終えて

入塾直後、私は学校の勉強にもついていけないほど数学が苦手でした。もちろん、模試の偏差値も上位校を目指すことは到底出来ないようなものでした。そして何より、自分に自信が持てずにいました。そんな状態でのスタートだったので、数学の先生の指示をとにかく守ることを心がけて勉強するうちに、実力が点数になって表れるようになりました。すると、得意な英語もより出来るようになり、高2になる頃にはクラスも上がりました。模試での偏差値も上がってきているのに、それでも常に自信がもてず不安な気持ちでした。物理・化学を勉強し始めた高3には不安は的中し、成績は伸び悩んでしまい、理系を選択したことを後悔し始めていました。そんな私の様子を先生は見抜いておられたのか、テストの解答に「自信を持って!」といつもコメントを下さったり、私の悩みを長い時間をかけて聞いて下さったりすることで、私は不安が解消され勉強に集中できるようになりました。入試直前も、周りの子が仕上がっていく中、自信をなくした私を励まし続けて下さいました。おかげで入試の前には不安がなくなり、乗り切ることが出来ました。この結果を残すことが出来たのは間違いなくこの塾を始めとする私を支えてくれた人たちのおかげです。ありがとうございました。

高1～高3 10月中旬 冬期講習会受付開始

中1～中3（中高一貫校在籍）

冬期講習会日程

12/22(日)～29(日)
1/4(土)～7(火)

本気、現役合格
早稲田アカデミー

現役生難関大受験専門塾サクセスエイティーン
SUCCESS18

教務部高校課

☎03(5954)3581(代)

早稲田アカデミー 検索

「高校生コース」をクリック!

http://www.waseda-ac.co.jp

池袋校
御茶ノ水校
渋谷校
大泉学園校
荻窪校
国分寺校
調布校
新百合ヶ丘校
宮崎台校
大宮校
所沢校
志木校

高1～高3
（中1～中3 中高一貫校在籍）
新入塾生受付中!

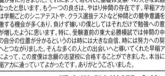

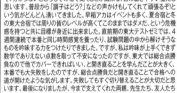

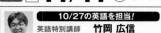

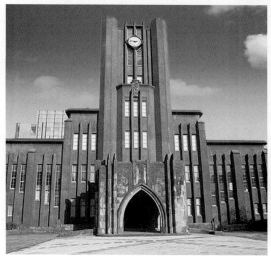

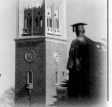

医学[redacted]ト!

第3回

[医学部現役合格メソッド] 親子で聞く現役合格セミナー

医学部現役合格セミナー

講演会形式

医学部受験「伝統と実績」の野田クルゼの看板講師・教務責任者が、「合格するために必要なエッセンス・秘訣」を一挙公開！医学部合格者延べ2000名以上を送り出しているクルゼだからこその有益情報。右記大学に通学している現役学生も参加し、講演・講義だけでなく、いかなるご質問にも対応します。知っているのと知らないのとでは天地の差がつく医学部合格メソッド満載!!

■ **講演会プログラム**

▶**医学部受験最前線**
国公立大・有名私大医学部 受験最新情報

▶**大学別徹底研究**
1.国立難関→筑波大学
2.私大難関→東京慈恵会医科大学

▶**合格者からの生の声**
高校生時代はこのように過ごした！
現役大学生から受験生へのアドバイス

◎ **アドバイザー在籍校**
・順天堂大学医学部
・東京医科歯科大学医学部
・東京女子医大 等

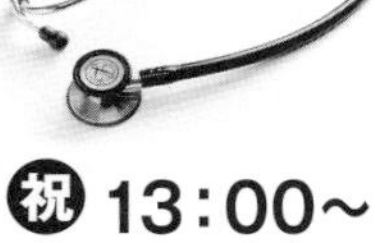

11/23 ㊗ 13:00～
会場▶野田クルゼ現役校

日曜集中特訓

最難関医学部を目指すライバルだけが集う「競い合う空間」

医学部必勝講座

12月生募集

高2・高1対象

無料講座 選抜制

最難関医学部必勝講座 タイムテーブル(例) 1ヶ月に1回／英語・数学・チェックテスト

	10:00～12:00	13:00～15:00	15:10～16:10	16:20～17:20
1回目	英　語	数　学	英語チェックテスト	数学チェックテスト

講義⇒演習⇒試験というサイクルにより、あいまいな理解から生じる些細なミスをなくし入試において高得点を狙える学力を定着させます。同時に難易度の高い入試問題を扱いながら、現役生が浪人生に比べて不利になることが無いよう、実践的な問題演習を行います。

説明会・選抜試験11/24㊐

説明会▶13:00～14:00　選抜試験▶14:15～16:00
会　場▶野田クルゼ現役校

医学部の入試問題は大学によって全く異なるから

志望校別対策なら

個別指導 メディカル・ウィン
MEDiCAL WiN

医学部受験指導20年超の講師陣
東大系ベテラン講師

担当する講師は、指導歴20年以上のベテラン講師が中心となります。医学部受験の歴史を全て知っている講師だからこそ、あなたが目指す大学への最短距離を指導できるのです。

×

過去の傾向から最新の分析まで
志望大学過去問題

テキストはあなたが目指す志望大学の過去問を徹底分析して作成します。過去の傾向を学び、研究していくことで、きっと今年の試験傾向が浮かび上がるはずです。志望校の入試問題の「特徴」を学びましょう。

×

志望校との溝を効果的に埋める
1対1個別指導

集団授業では、大学の傾向は学べても、あなたと大学の間にある溝を浮き彫りにし、埋めていくことは困難です。だからこそ、志望校対策に特化した個別指導を新たに開講しました。

×

医学部受験指導43年の伝統
大学別入試情報

医学部入試には、様々な知識や情報が必要になりますが、こういった情報は全てが公表されているわけではありません。医学部受験専門で40年以上の歴史がある野田クルゼだからこそ提供できる情報があります。

医学部の推薦・AO入試の小論文・面接対策もおまかせ下さい。

医系小論文の最重要項目を全て解説します！

医学部小論文講座

入学願書の書き方や志望理由のまとめ方なども丁寧に指導

30年にわたり医学部の小論文指導を行っている杉原講師が医学部に合格する小論文の書き方から最新の医療事項の解説添削指導まで行います。なお、講座時間がご都合に合わない場合は個別指導での対応も可能です。

推薦試験対策「小論文講座」も実施中！

1ヶ月3回 月曜日 19:15～20:45	11/4	11/11	11/18
	医師不足	小論文作成	いじめ問題

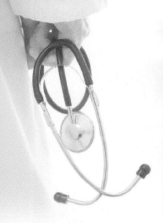

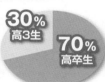

イベント

CYCLE MODE international 2013 東京会場

11月2日(土)～11月4日(月・祝)
幕張メッセ

「Life Bicycle Dream」自転車を 100%楽しもう!

中学生のみんなにもなじみ深い乗りものと言えば…そう、自転車だ。「サイクルモードインターナショナル」は、世界中の500以上のブランドの自転車が集結する日本最大のスポーツバイクフェスティバル。ロードバイクやマウンテンバイク、クロスバイク、電動アシスト車など、最新モデルのさまざまな自転車を見ることができるのはもちろん、試乗だってできちゃう。自転車好きにはたまらないイベントだ。

アート

スヌーピー展 しあわせは、きみをもっと知ること。 Ever and Never: the art of PEANUTS

10月12日(土)～1月5日(日)
森アーツセンターギャラリー

© 2013 Peanuts Worldwide LLC

「スヌーピー展」の招待券を3組6名様にプレゼントします。応募方法は85ページを参照。

スヌーピーをもっと知ってしあわせになろう

ビーグル犬のスヌーピー、小鳥のウッドストック、チャーリー・ブラウンやルーシーなどなど…時代を超えて世界中の人々から愛されている、チャールズ・M・シュルツ氏の描いたマンガ「ピーナッツ」のキャラクターたちの展覧会が開催される。約100点の原画を日本初公開するほか、作者の人生や創作に励んだスタジオの再現、絵を描くシュルツ氏の貴重な映像などから創作の秘密にも触れることができる。

サクセス イベント スケジュール 10月～11月

世間で注目のイベントを紹介

アート

興福寺創建1300年記念 国宝 興福寺仏頭展

9月3日(火)～11月24日(日)
東京藝術大学大学美術館

国宝「銅造仏頭」白鳳時代 興福寺蔵

国宝 25 点、重要文化財 31 点 見応えのある仏教美術展

奈良・興福寺は全国の国宝仏像彫刻のおよそ15%を所蔵するという、仏像の宝庫と言われる歴史ある寺院だ。興福寺の創建1300年を記念して、国宝25点・重要文化財31点という珠玉のラインナップを誇る展覧会が開催される。展覧会の一番の目玉はなんといっても同寺の代表的な名宝である国宝「銅造仏頭」。破損仏でありながら「白鳳の貴公子」と呼ばれる国宝の仏頭を、さまざまなアングルから鑑賞できる。

イベント

ゲームマーケット 2013秋

11月4日(月・祝)
東京ビッグサイト

アナログゲームの世界へようこそ

ゲームというと、テレビゲームなどのコンピュータゲームを思い浮かべる人も多いかもしれないけど、じつはカードゲームやボードゲームなど、卓上で楽しむアナログゲームもファンが多い。「ゲームマーケット2013秋」は、アナログゲームの国内最大規模のイベントで、新作ゲームや創作ゲームの販売のほかに、ゲームの体験会も実施されている。テレビゲームとはひと味もふた味も違うアナログゲームが楽しめる。

編集後記

みなさんは将来の夢をもう見つけているでしょうか。見つかっている人はそれに向かうための、まだ見つかっていない人は見つけるための進路を、それぞれ考えていると思います。今月号には「なりたい職業から大学の学部を考える」という特集がありますので、ぜひ参考にしてください。

私自身は、文章でなにかを伝える仕事がしたいと思っていました。そして今回初めて、この雑誌の編集にかかわることができました。実際にやると難しいですが、楽しい毎日です。受験に向かって頑張る中学生のみなさんがいることも刺激になります。雑誌を通してみなさんの進路、夢探しのお手伝いをしたいと思っています。（S）

Information

『サクセス15』は全国の書店にてお買い求めいただけますが、万が一、書店店頭に見当たらない場合は、書店にてご注文いただくか、弊社販売部、もしくはホームページ（下記）よりご注文ください。送料弊社負担にてお送りします。

定期購読をご希望いただく場合も、上記と同様の方法でご連絡ください。

Opinion, Impression & etc

本誌をお読みになられてのご感想・ご意見・ご提言などがありましたら、ぜひ当編集室までお声をお寄せください。また、「こんな記事が読みたい」というご要望や、「こういうときはどうしたらいいの」といったご質問などもお待ちしております。今後の参考にさせていただきますので、よろしくお願いいたします。

サクセス編集室

TEL 03-5939-7928

FAX 03-5939-6014

高校受験ガイドブック2013 11 サクセス15

発行　2013年10月15日　初版第一刷発行

発行所　株式会社グローバル教育出版

〒101-0047 東京都千代田区内神田2-4-2

TEL　03-3253-5944

FAX　03-3253-5945

http://success.waseda-ac.net

e-mail　success15@g-ap.com

郵便振替　00130-3-779535

編集　サクセス編集室

編集協力　株式会社 早稲田アカデミー

Success15

11月号

Next Issue

12月号は…

Special 1

東京大学
徹底解剖

Special 2

リラックス方法特集

School Express

早稲田大学高等学院

Focus on 公立高校

埼玉県立浦和第一女子高等学校